キャリアアップを
目指す人のための

経済産業省 経理・財務人材育成事業
FASS
Finance&Accouting Skill Standard

「経理・財務」実務マニュアルワークブック

青山 隆治・馬場 一徳・奥秋 慎祐〔著〕

税務経理協会

はじめに

私たちが『キャリア・アップを目指す人のための「経理・財務」実務マニュアル』（以下、「実務マニュアル」）を2012年4月に世に送り出して早10年以上経過しました。経理実務を行うには、簿記の学習だけでは不十分で、業務プロセス、会計基準、税務、内部統制等の知識も必要となるため、これら4つの切り口を備えた書籍が必要ではないかということで互いに議論をしながら作りました。その下地としたのは、「経理・財務サービス・スキルスタンダード」（FASS：Finance & Accounting（Service）Skill Standard）です。FASSは2005年に経済産業省主導で、我が国の優良企業の経理・財務実務担当者によって策定されたもので、いわば「経理・財務」実務の指南書と言えるものです。また、一般社団法人日本CFO協会ではこのFASSに沿って検定試験（FASS検定：経理・財務スキル検定）を実施しており、2022年9月末現在で累計約7.4万人が受験されています。

本書は、「実務マニュアル」の読者が内容の理解を深められるように問題形式にしたワークブックです。「経理・財務」の実務の視点が身につくような問題を100題ご用意いたしました。また、FASS検定の対策として対応できるよう、FASS検定の形式に準じて作成いたしました。実際のFASS検定よりは少し歯ごたえがある問題ばかりだと思いますが、実務知識の定着に役立つのではないかと考えております。本書を是非「実務マニュアル」の姉妹版としてご活用いただければ幸いです。

最後になりますが、本書をFASS検定の推薦図書に取り上げていただきました一般社団法人日本CFO協会の谷口宏専務理事には御礼を申し上げます。また、本書の出版を薦めていただき、多大なるサポートをいただきました株式会社税務経理協会の大坪克行代表取締役社長はじめ編集ご担当の皆様にはこの場をお借りして改めて御礼を申し上げます。

2023年3月

青山　隆治
馬場　一徳
奥秋　慎祐

本書の範囲

	項　目	分　野	「スキルスタンダード」全範囲	FASS検定範囲	実務マニュアルの範囲	本書の範囲
1	売掛債権管理	経理業務	○	○	○	○
2	買掛債務管理		○	○	○	○
3	在庫管理		○	○	○	○
4	固定資産管理		○	○	○	○
5	ソフトウェア管理		○	○	○	○
6	原価管理		○	×	○	○
7	経費管理		○	×	○	○
8	月次業績管理		○	○	○	○
9	単体決算業務		○	○	○	○
10	連結決算管理		○	○	○	○
11	ディスクロージャー		○	○	○	○
12	中長期計画管理		○	×	○	○
13	年次予算管理		○	×	○	○
14	税効果計算業務		○	○	○	○
15	消費税申告業務		○	○	○	○
16	法人税申告業務		○	○	○	○
17	連結納税申告業務(※1)		○	○	○	○
18	税務調査対応		○	○	○	○
19	現金出納管理		○	○	○	○
20	手形・小切手管理	財務業務	○	○	○	○
21	有価証券管理		○	○	○	○
22	債務保証管理		○	○	○	○
23	貸付金管理		○	○	○	○
24	借入金管理		○	○	○	○
25	社債管理		○	○	○	○
26	デリバティブ取引管理		○	○	○	○
27	外貨建取引管理		○	○	○	○
28	資金管理		○	○	○	○
29	資産流動化業務		○	×	○	×
30	企業買収	非定型業務	○	×	×	×
31	会社分割		○	×	×	×
32	解散・清算		○	×	×	×
33	株式公開		○	×	×	×
34	株式発行増資		○	×	×	×
35	資本政策		○	×	×	×
36	ストック・オプション		○	×	×	×
	内部統制		○	(※2)	○	(※3)

(※1) 令和4年(2022年)4月1日以降に開始する事業年度からは「グループ通算制度」に模様替えされた。
(※2) FASS検定においては、内部統制のうち、業務処理統制分野がオプション問題として提供されている。
(※3) 本書では内部統制については、必要に応じて上記各業務分野の中で作成されている場合がある。

目次

問題編

解答・解説編

問　題　編

Chapter 1 売掛債権管理

問1-1　基礎☆

次の空欄内に入る語句の組み合わせとして、最も適切なものはどれか。

① 新規に取引先が発生した場合は、［ A ］を設定し、契約に際してはそれを超えないよう営業部門に注意を促すことが必要である。

② 請求手続きに関して、［ B ］と請求書発行管理簿を突合し、請求書の発行に漏れがないことを確認する。

③ 決済期日別に売掛金の残高が何カ月前から発生しているか調査することを［ C ］と呼ぶ。

④ 社内で定める一定額以上の［ D ］については、営業部門とは異なる管理部門等がその原因を確認し、営業部門における回収進捗を管理・監督する。

a） A:担保評価額　B:売掛金年齢表　C:年齢調べ　D:与信限度超過債権
b） A:担保評価額　B:顧客別管理台帳　C:滞留調べ　D:与信限度超過債権
c） A:与信限度額　B:売掛金年齢表　C:滞留調べ　D:滞留債権
d） A:与信限度額　B:顧客別管理台帳　C:年齢調べ　D:滞留債権

問1-2　基礎☆

「収益認識に関する会計基準」は、基本となる原則に従って収益を認識するために、5つのステップを順に適用する。5つのステップの適用順として適切なものはどれか。

A：顧客との契約を識別する。
B：契約における履行義務を識別する。
C：契約における履行義務に取引価格を配分する。
D：取引価格を算定する。

E：履行義務を充足した時に又は充足するにつれて収益を認識する。

a） A→B→C→D→E

b） A→C→D→B→E

c） A→D→B→C→E

d） A→B→D→C→E

問 1 - 3　応用★

次の「収益認識に関する会計基準」に基づく収益の計上仕訳で、適切なものの組み合わせはどれか。

① 小売業を営むA社は、消化仕入契約の対象商品Xを55,000円（税込）で顧客に現金で販売した。同時に、商品Xの仕入先B社との消化仕入契約に基づき買掛金を44,000円で計上した。

借方科目	金額	貸方科目	金額
現金預金	55,000	買掛金	44,000
仮払消費税	4,000	仮受消費税	5,000
		手数料収入	10,000

② C社が取引先D社に製品Y及び製品Zを合わせて110,000円（税込）で販売する契約を締結した。当該契約では、まず製品Yを引渡し、製品Yの引渡しに対する支払いは製品Zの引渡しを条件とすると定められている。なお、製品Yと製品Zの独立販売価格は、各々30,000円、70,000円である。

【製品Y引渡時の仕訳】

借方科目	金額	貸方科目	金額
契約資産	33,000	売上高	30,000
		仮受消費税	3,000

③ E社は、製品を1個100円（税抜）で販売する80件の契約を複数の顧客と締結し、製品に対する支配を顧客に移転した時に現金を受け取った。E社の取引慣行では、顧客が未使用の製品を30日以内に返品する場合、全

額返金に応じることとしている。E 社が権利を得ることとなる変動対価を見積るために、当該対価の額をより適切に予測できる方法として期待値による方法を使用することを決定し、製品 77 個が返品されないと見積った。

借方科目	金額	貸方科目	金額
現　金　預　金	8,800	売　　上　　高 返　金　負　債 仮　受　消　費　税	7,700 300 800

a）①と②

b）①と③

c）②と③

d）①と②と③

問 1 - 4　　応用★

次の貸倒引当金に関する記述で、適切でないものはいくつあるか。

① 会計上、貸倒引当金の対象となる債権を個別評価金銭債権と一括評価金銭債権に区分して、貸倒引当金を見積ることとなる。

② 会計上、貸倒引当金を設定する方法として、個別引当法と総括引当法がある。個別引当法は、期末の債権金額× 50%で求める。総括引当法は、期末の一括評価金銭債権の帳簿価額の合計額×貸倒実績率で求める。この貸倒実績率は、当期首前 3 年以内に開始した各事業年度の貸倒損失の合計額を当期首前 3 年以内に開始した各事業年度末の一括評価金銭債権の帳簿価額の合計額で除した率で求める。

③ 税務上、貸倒引当金の算定方法として、財務内容評価法がある。これは、債権額から担保の処分見積額及び保証による回収見込額等を減額した残高について，債務者の状況を考慮して，貸倒見積高を算定する方法のことである。債務者の支払能力を判断して必要額を貸倒見積高とすることになるが，残額の 50%を引き当てる簡便法の採用もある。

④ 税務上、中小法人（期末資本金額が 1 億円以下の普通法人で、資本金が 5

億円以上の大法人又は相互会社の 100%子会社でないもの）であれば所得の多寡にかかわらず、貸倒引当金の繰入限度額の計算にあっては，法定繰入率による計算も認められている。

a）１つ　b）２つ　c）３つ　d）４つ

Chapter 2 買掛債務管理

問2-1　基礎☆

仕入計上基準について述べた次の記述のうち、適切なものはいくつあるか。

① 入荷基準とは、商品や原材料が自社に到着した時点で引渡しを受けたものと考え、仕入（買掛金）を計上する方法であり、買掛債務の計上のタイミングとしては最も確実性が高い。

② 検収基準とは、入荷した商品や原材料を検品し、品質や数量に問題がないことをチェックし、検収した時点でその引渡しを受けたものと考え、仕入を計上する方法である。

③ 仕入計上基準は、原則として毎期継続して適用しなければならない。

a）3つ　　b）2つ　　c）1つ　　d）0

問2-2　基礎☆

仕入先別債務残高管理について述べた次の記述のうち、適切でないものはどれか。

a）仕入先別元帳とは、仕入先ごとの買掛金発生と支払いの明細を記録した補助元帳であり、仕入先別の買掛金残高を明らかにするために作成する。

b）仕入先別元帳の合計額は、総勘定元帳の買掛金残高と一致する。

c）仕入先別元帳がマイナス残高（いわゆる赤残）になっている場合、支払先への支払い漏れの可能性がある。

d）仕入先が少数の場合でも、仕入先別元帳を作成する必要がある。

Chapter 3 在庫管理

問 3 - 1　基礎 ☆

S 経理部長と新人経理部員 N とが実地棚卸について、次のやり取りをしている。空欄内に入る語句の組み合わせとして、最も適切なものはどれか。

S 部長：実地棚卸を適正に進めるために、事前準備や関係者への周知で必要なことをあげるとしたら、たとえば何だろう？

新人 N：［　①　］です。

S 部長：よく理解しているね。では、棚卸資産の現物と帳簿の差額が発生した場合、どのような原因が考えられるかね？

新人 N：［　②　］です。

S 部長：他に考えられることは？

新人 N：［　③　］です。

S 部長：差額が発生した場合、取るべき対応は？

新人 N：［　④　］です。

S 部長：君は優秀だね。引続き、これからも頼むよ！

	①	②	③	④
a)	棚卸方法を具体的に定めること	不注意による現品のカウント誤り	評価損の計上	差額の原因を究明すること
b)	実施スケジュールを作成すること	たな札の集計ミス	入出庫伝票の記入誤り	最終的には、帳簿残高に合わせること
c)	商品等の配置図を作成すること	盗難	帳簿の集計ミス	「棚卸減耗損」として処理すること
d)	当日、遅刻をしないこと	横流し	二重帳簿の存在	もう一度実地棚卸を行うこと

問3-2　応用★

棚卸資産の取得価額に関する記述で適切なものはいくつあるか。

① 仕入先から商品Aを10,000円で仕入れた。その際、引取運賃として100円、運送保険料として50円支払った。税務上、購入付随費用が購入代価の概ね3%以内の金額である場合には、その取得価額に算入しないことができるものとするいわゆる「3%基準」にそって、取得価額を10,000円で処理した。

② 不動産販売業を営む甲社は、販売用不動産として土地を2億円で仕入れた。その際、仲介手数料として6百万円、不動産取得税4百万円、登録免許税2百万円、所有権移転登記時に要した司法書士報酬5万円を支払った。司法書士報酬5万円を「支払手数料」で処理し、他は「棚卸資産」として処理した。

③ 乙社は、販売用船舶の製造にかかるものとして、原材料を購入するための借入金の利子3百万円を取得価額に含めた。また、製造経費のうち交際費1百万円は損金不算入になるものとして取得価額に含めず処理した。

④ 期末日近くに会社案内のパンフレット300,000部を@22円（税込）で作製した。作製しすぎたため保管料が別途550,000円（税込）発生した。購入時、次の仕訳で計上した。

借方科目	金額	貸方科目	金額
貯蔵品	6,000,000	普通預金	6,600,000
仮払消費税	600,000		
保管料	500,000	未払金	550,000
仮払消費税	50,000		

a）1つ　　b）2つ　　c）3つ　　d）4つ

問 3 - 3 応用 ★

次の 4 月度の受払記録をもとに移動平均法によって計算した売上原価として適切なものはどれか。

【4 月度の受払記録】

日付	内容	数量（個）	仕入単価（円）	金額（円）	払出（個）	残高（個）
期首残高		30	100	3,000		30
4 月　6 日	仕入	50	120	6,000		80
4 月 12 日	売上				20	60
4 月 20 日	仕入	40	135	5,400		100
4 月 25 日	売上				50	50
合計		120		14,400	70	50

a）7,800 円

b）8,400 円

c）8,325 円

d）7,650 円

Chapter 4 固定資産管理

問 4 - 1　基礎 ☆

次の資料に基づき計算した減価償却費についての記述のうち、正しいものはどれか。

なお、当期は X1 年 4 月 1 日～ X2 年 3 月 31 日の 1 年間である。また、当社では法人税法が認める償却方法（定額法又は定率法の両方が認められる場合は定率法）により減価償却を行っている。

・備品 A
（取得時期）当期中の 10 月 1 日に新品で取得し、同日に使用開始
（取得価額）1,000,000 円
（耐用年数）5 年（定額法償却率 0.200、定率法償却率 0.400）
・建物附属設備 B
（取得時期）前期（平成 28 年 4 月 1 日以後とする）に取得
（取得価額）1,000,000 円
（耐用年数）6 年（定額法償却率 0.167，定率法償却率 0.333）
（期首帳簿価額）916,500 円

a） 備品 A の当期の減価償却費は 100,000 円である。
b） 備品 A の翌期の減価償却費は 320,000 円である。
c） 建物附属設備 B の当期の減価償却費は 153,055 円である。
d） 建物附属設備 B の翌期の減価償却費は 203,564 円である。

問 4 - 2　基礎 ☆

リース取引について述べた次の記述のうち、誤っているものはどれか。

a） ファイナンス・リース取引とは、①解約不能と②フルペイアウトという 2 つの要件を満たすリース取引をいう。
b） 所有権移転ファイナンス・リース取引とは、ファイナンス・リース取引

のうち、契約によりリース物件の所有権が借主に移転すると認められるリース取引をいい、借手は通常の売買取引に準じた会計処理を行う。ただし、少額リース資産及び短期のリース取引に関しては、賃貸借処理を行うことが認められる。

c） 所有権移転外ファイナンス・リース取引とは、ファイナンス・リース取引のうち、所有権移転ファイナンス・リース取引以外のリース取引をいい、借手は原則として通常の売買取引に準じた会計処理を行う。

d） オペレーティング・リース取引とは、ファイナンス・リース取引以外のリース取引をいい、借手は賃貸借取引に準じた会計処理を行う。

問 4 - 3　基礎 ☆

機械を期中に除却（有姿除却）した。下記の資料に基づき、固定資産除却損の金額として正しいものはどれか。

機械の取得価額	3,000,000 円
期首減価償却累計額	1,800,000 円
当期首から除却時までの減価償却費	450,000 円
廃材・スクラップとしての処分価額の見積額	230,000 円

a） 520,000 円

b） 750,000 円

c） 970,000 円

d） 1,200,000 円

問 4 - 4　基礎 ☆

下記の資料の建物は減損の兆候が認められる。当期の減損損失の額として正しいものはどれか。

建物の取得価額	7,000 万円
期首減価償却累計額	2,300 万円
割引前将来キャッシュ・フロー	4,000 万円
正味売却価額	3,800 万円
使用価値	3,700 万円

a） 600 万円

b） 700 万円

c） 900 万円

d） 1,000 万円

問 4 - 5　　応用 ★

自動車を購入し、以下の支出をした。この自動車の取得原価として最も適切なものは、次のうちどれか。

【購入代金の内訳】
車両本体価格　200 万円
カーナビ（オプション） 20 万円
自動車重量税　3 万円
自賠責保険料　2 万円
検査登録法定費用　2,000 円
車庫証明法定費用　3,000 円
リサイクル料　2 万円
車庫証明手続代行手数料　2 万円
検査登録手続代行手数料　8 万円
納車費用　2 万 7,500 円

a） 220 万円

b） 222 万 7,500 円

c） 223 万 5,000 円

d） 240 万 2,500 円

Chapter 5 ソフトウェア管理

問5-1 基礎☆

ソフトウェアの減価償却について述べた次の記述のうち、誤っているものはどれか。

a）市場販売目的のソフトウェアの減価償却費は、見込販売数量又は見込販売収益に基づく償却額と販売可能な見積残存期間（原則3年以内）に基づく均等配分額のうちいずれか大きい額である。

b）市場販売目的のソフトウェアの税務上の償却限度額は、残存価額ゼロ、耐用年数5年で定額法により計算した金額である。

c）自社利用目的のソフトウェアの減価償却費は、利用可能な期間として見込まれる年数（原則5年以内）に基づき定額法で計算される。

d）自社利用目的のソフトウェアの税務上の償却限度額は、残存価額ゼロ、耐用年数5年で定額法により計算した金額である。

問5-2 基礎☆

次の記述は、ソフトウェアの除却要件について説明したものである。このうち、適切でないものはどれか。

a）市場販売目的のソフトウェアの企業会計上の除却の要件は、新しいバージョンの製品の販売に伴い古いバージョンの製品の販売を中止したことである。

b）自社利用目的のソフトウェアの企業会計上の除却の要件は、使用する見込みがなくなったことである。

c）市場販売目的のソフトウェアの税務上の除却の要件は、新製品の出現、バージョンアップ等により、今後、販売を行わないことが社内稟議書、販売流通業者等への通知文書等で明らかであることである。

d）自社利用目的のソフトウェアの税務上の除却の要件は、そのソフトウェアを実際に使用しなくなったことである。

問5-3　応用★

受注制作のソフトウェアについて述べた次の記述のうち、適切でないものはどれか。

a）受注制作のソフトウェアとは、特定のユーザーからの発注に基づき、特定の仕様で制作して販売するソフトウェアをいう。

b）受注制作のソフトウェアに係る収益は、「工事契約に関する会計基準」に従って請負工事の会計処理に準じて会計処理を行う。

c）受注制作のソフトウェアの制作が一定の期間にわたり充足される履行義務であると判断される場合であっても、契約における取引開始日から履行義務の充足までの期間がごく短いと見込まれる場合には、一定の期間にわたって収益を認識するのではなく、完全に履行義務を充足した時点で収益を認識することができる。

d）制作途中の受注制作のソフトウェアの制作費は、仕掛品として資産計上する。

Chapter 6 原価管理

問6-1

基礎☆

次の原価計算に関する記述で、適切なものはいくつあるか。

① 原価計算の目的としては、主に財務諸表作成目的と管理会計目的とがある。財務諸表作成目的とは、売上高に対応する売上原価又は製品原価の算出のためであり、管理会計目的とは、目標原価との差異分析をするにあたり比較される実績値を把握するために行われるものである。

② 原価計算には、総合原価計算、個別原価計算、実際原価計算、標準原価計算、直接原価計算などがある。

③ 実際原価の集計は、費目別、部門別、製品別の順にデータを集計して行われる。費目別計算は、材料費、労務費、経費の別に費用を集計し、各々、製造部門と補助部門に分けて計算を行う。部門別計算は、製造部門と補助部門に分けて集計した原価を責任区分別に管理するため直接費と間接費に分けて計算を行う。製品別計算は、直接費と間接費に分けて集計した原価を各製品別に按分計算して行うものである。

④ 予定原価や標準原価など予め定められた指標と実際原価との差額を「原価差額」という。会計上は「原価差異」ともいう。
標準原価200万円、実際原価150万円の場合、50万円の不利差異が発生していることになる。不利差異の場合は、特に、どこで、なぜ発生したか、責任部門、責任者は誰かなどを把握し、その改善策を講じる必要がある。

a）1つ　　b）2つ　　c）3つ　　d）4つ

問 6 - 2　　基礎 ☆

次の文章の [　　] 内に入る語句の組み合わせとして、最も適切なものはどれか。

材料費に関して標準値や予定値を用いた場合、実績値との間に生じた差額を [A] 差異と [B] 差異に分解して分析すると有効である。これらの差異を算式にすると下記のようになる。

[A] 差異＝(標準消費量－実際消費量)× [C] 単価

[B] 差異＝(標準単価－実際単価)× [D] 消費量

a)　A：数量　B：価格　C：実際　D：標準

b)　A：価格　B：数量　C：実際　D：標準

c)　A：数量　B：価格　C：標準　D：実際

d)　A：価格　B：数量　C：標準　D：実際

問 6 - 3　　応用 ★

次の損益計算書（抜粋）をもとに直接原価計算による損益計算書を作成した場合、貢献利益と営業利益はどれになるか。

（単位：千円）

損益計算書

Ⅰ．売上高	12,000
Ⅱ．売上原価	9,000
売上総利益	3,000
Ⅲ．販売費及び一般管理費	2,200

※算定データ

売価@ 1,000 円

製造原価：変動費率@ 525 円、固定費 2,700 千円

販売費：変動費率@ 30 円、固定費 750 千円

一般管理費：固定費 1,090 千円

なお、期首と期末の製品、仕掛品はない。

a）貢献利益：5,700 千円、営業利益：2,640 千円

b）貢献利益：5,340 千円、営業利益：2,640 千円

c）貢献利益：5,700 千円、営業利益：800 千円

d）貢献利益：5,340 千円、営業利益：800 千円

Chapter 7 経費管理

問 7 - 1　　基礎 ☆

次の経費管理に関する記述で、適切なものの組み合わせはどれか。

① 経費管理として、予算に対してどのぐらいの経費が発生したのかを把握する必要がある。費目別経費の実績と予算を比較検証し、関係部門に問い合わせるなどして差異分析を行う。必要に応じて、予算の更正、調整を実施することで有効な経費管理が行える。

② 大口の経費の申請があった場合は、予算に盛り込まれた経費であるかどうか予算データを確認したり、申請内容を関係部門に問い合わせたり、申請内容の検証を行う。あわせて、処理勘定科目の決定を行う。

③ 給与関係の不正は、架空の受給者、既退職者の未抹消、合計金額の水増し等の方法で行われることが多い。この不正を防止するために、給与等の計算担当者と支払担当者を分離する必要がある。

④ 広告宣伝費は、支出の性格として費用対効果が分かりづらい側面があるため、事前に計画書を作成し、責任者の承認を得ておく必要がある。

a） ①と③

b） ②と④

c） ②と③

d） ①から④すべて

問 7 - 2　　基礎 ☆

次の事例の場合、税務上の役員給与の損金不算入額はどれになるか。

甲株式会社は、3 月末日を決算日として年 1 回決算を行っている。取締役 A に対して、毎月 30 万円の役員給与を支給している。X1 年 5 月 20 日の定時株主総会において、6 月支給分からの役員給与を 40 万円とする決議を行った。その後、業績が好調であることからX1年9月25日に臨時株主総会を開催し、10月支給分の役員給与を55万円とする決議を行った。X2年3月分まで増額改定額のまま支給している。

a） ゼロ円
b） 90万円
c） 190万円
d） 330万円

問題編

問7-3　応用★

次の事例の場合、税務上の交際費等の損金不算入額はどれになるか。

甲株式会社は、資本金2億円であり、いわゆる大企業の100%出資子会社には該当しない。期中、下記の取引があった。

① 宣伝のためカレンダーを800部（@300円/部）作製し、プレゼントした。
② ゴルフクラブの年会費10万円を支出した（ゴルフクラブの入会金は資産計上している）。
③ 創立30周年記念パーティーを開催した。取引先を招待し、110万円支出した。内訳は次の通りである。
・宴会費80万円（参加者150名。飲食等のあった年月日、参加者の氏名、関係、人数など一定の書類の保存要件は満たしている）
・取引先への記念品代30万円
④ 上記パーティーの際、取引先から祝儀として10万円いただいた。

a） 30万円
b） 40万円
c） 80万円
d） 134万円

問7-4　　基礎 ☆

次の消費税の課否判定において、最も適切なものはどれか。

内容	a)	b)	c)	d)
① 徒歩通勤者に支払う通勤手当	課税	対象外	課税	対象外
② 「支払手数料」勘定にて処理したクレジットカード手数料	非課税	課税	課税	非課税
③ 新型コロナウイルス感染症の PCR 検査費用（保険適用外）	課税	非課税	非課税	課税
④ 駐車違反により徴収されたレッカー移動料、保管費用	対象外	非課税	非課税	対象外

Chapter 8 月次業績管理

問8-1 基礎☆

月次決算の目的について述べた次の記述のうち、適切でないものはどれか。

a) 月次決算は、早期に経営状況を把握し、迅速に対策をとることができるようにすることが目的である。

b) 月次決算を実施することにより、年度計画の売上高、営業利益、純利益を目標として進捗管理を行うことができる。

c) 月次決算を適切に行うことにより、年度決算の利益を高い精度で早期に予測することができる。

d) 月次決算では、株主への報告を行うため、法令に基づく開示資料が作成される。

問8-2 基礎☆

月次決算の経理処理について述べた次の記述のうち、最も適切でないものはどれか。

a) 月次決算では迅速性が重視されるので、現金・預金の帳簿残高が実際の残高と一致していない場合でも、帳簿の修正は要しない。

b) 仮払金や仮受金等の仮勘定は、適切な科目に振り替える必要がある。

c) 減価償却費や退職給付費用等は、年間費用を見積もり、その1カ月分を月次の費用として計上すればよい。

d) 月次決算では迅速性が求められるため、未払費用や前払費用等の経過勘定項目は、金額が大きく重要性の高いものだけに限定して計上することがある。

Chapter 9 単体決算業務

問 9 - 1　基礎 ☆

会社が年度決算の決算方針として事前に検討しておくべき事項として、最も適切でないものはどれか。

a) 会計基準および税法の改正への対応の方針

b) 売掛金、受取手形、貸付金等に含まれる不良債権の処理方針

c) 有価証券や固定資産の減損に関する事項

d) 決算作業の担当業務の割り当て

問 9 - 2　基礎 ☆

期末決算で、仮勘定に関して次の処理を行った。最も適切でないものはどれか。

a) 自社で利用するために発注したソフトウェアについて、システム会社との契約に基づき期中に支払った開発費用 5,000,000 円は、期末時点で開発途中であったため、ソフトウェア仮勘定に計上した。

b) 来期に完成予定の新社屋の設計業務が完了し、その費用として 10,000,000 円を支払ったので、期末決算において建設仮勘定に計上した。

c) 預金口座に取引先から 1,000,000 円の入金があり、内容が分からなかったため仮受金として処理していたが、期末までに詳細が分からなかったことから、期末決算では仮受金のままとした。

d) 相手先が不明な支出 1,000,000 円の仕訳処理にあたって仮払金として処理していたが、期末決算時に出金の内容を調査し、新規の取引先に対する原材料の購入代金であることが判明したため、仕入勘定に振り替えた。

問 9 - 3　基礎 ☆

引当金を計上するために満たすべき要件として正しい組み合わせは、次のう

ちどれか。

①　契約に基づく確定債務であること。 ②　発生の可能性が高いこと。 ③　金額を合理的に見積もることができること。 ④　支出額が確定していること。 ⑤　将来の特定の費用又は損失であること。 ⑥　その発生が当期以前の事象に起因すること。

a）①　③　⑤　⑥
b）①　④　⑤　⑥
c）②　③　⑤　⑥
d）②　④　⑤　⑥

問9－4　基礎☆

　決算に関わる会社法上の手続きについて述べた記述のうち、最も適切でないものはどれか。ただし、当社は取締役会設置会社かつ監査役会設置会社であり、また会計監査人設置会社に該当しないものとする。

a）監査役の監査を受けるため、貸借対照表、損益計算書、株主資本等変動計算書、個別注記表および計算書類の附属明細書を監査役に提出する前に、これらについて取締役会の承認を受けなければならない。

b）貸借対照表、損益計算書、株主資本等変動計算書、個別注記表および計算書類の附属明細書につき監査役の監査を受けた後、取締役会の承認を受けなければならない。

c）貸借対照表、損益計算書、株主資本等変動計算書および個別注記表は株主総会に付議し、その承認を受けなければならない。

d）定時株主総会は、毎事業年度の終了後一定の時期に招集しなければならないが、具体的な開催時期は、会社法に規定はなく、定款に定めるところに従う。

Chapter 10 連結決算管理

問 10 - 1　　基礎 ☆

次の連結決算に関する記述で、適切でない記述はいくつあるか。

① 親会社は連結子会社等に対して、親会社との会計処理、勘定科目、会計期間の統一についての協議、連結パッケージの正確な作成に向けた事前説明及び作成支援などを実施する必要がある。

② 連結の範囲となる会社を確認する際、プロセスとしては、全グループ会社を把握し、影響力判定、重要性を考慮したうえで連結適用会社又は持分法適用会社を判定する。

③ 連結子会社等から必要な情報を吸い上げるために連結パッケージを準備する必要がある。A 社においては、連結パッケージを準備する予算と時間がなく、エクセルで簡易なフォーマットを作成し、連結子会社等の担当者に一斉メール送信した。

④ 連結子会社 B 社において、連結パッケージを親会社に提出後、記載誤りが発覚した。連結パッケージの提出期日後であったため、翌期、B 社の単体決算の修正項目として処理した。

⑤ 各連結子会社等の連結パッケージをもとに、単純合算財務諸表を作成する。子会社との決算期の乖離が 3 カ月を超える場合は、重要な不一致については調整を行う。その後、投資と資本の相殺消去、内部取引消去仕訳などを行い、連結財務諸表を作成していく。

⑥ 連結財務諸表を作成するためのワークシートに「連結精算表」がある。主に、個別財務諸表と連結修正消去仕訳を反映して連結財務諸表を作成する。この連結精算表において、前期比較及び予算比較等を行い、連結財務諸表に異常がないか分析する。

a) 3つ　　b) 4つ　　c) 5つ　　d) 6つ

問 10 - 2　　基礎 ☆

連結子会社に該当するものの組み合わせとして、適切なものはどれか。

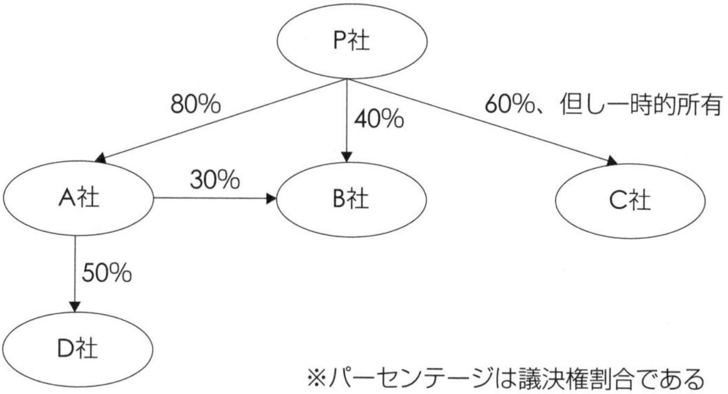

※パーセンテージは議決権割合である

a） A 社と B 社

b） A 社と D 社

c） A 社と B 社と D 社

d） A 社と B 社と C 社と D 社

問 10 - 3　　基礎 ☆

次の連結仕訳で、適切なものはいくつあるか。

① 70%子会社への投資額 700 万円と子会社の資本金 1,000 万円との連結消去仕訳

借方科目	金額	貸方科目	金額
資　本　金	1,000	子 会 社 株 式 非支配株主損益	700 300

② 投資額 1,300 万円で子会社（資本金 1,000 万円）を 100%取得した場合の連結消去仕訳

借 方 科 目	金額	貸 方 科 目	金額
資　本　金 の　れ　ん	1,000 300	子 会 社 株 式	1,300

③　親会社から100%子会社へ商品を販売し、棚卸資産に30万円の未実現利益が含まれている場合の連結消去仕訳

借方科目	金額	貸方科目	金額
売上総利益	30	棚卸資産	30

④　70%子会社が500万円の配当を行った場合の連結消去仕訳

借方科目	金額	貸方科目	金額
受取配当金	350	配当金	350

a)　1つ　　b)　2つ　　c)　3つ　　d)　4つ

問10-4　基礎☆

甲株式会社は、他の企業とともに乙株式会社（資本金2,000万円）を設立し、15%出資した。乙株式会社の第1期事業年度が終了し、当期純利益500万円を計上した。次の持分法仕訳で適切なものどれか。

a)

借方科目	金額	貸方科目	金額
資本金	3,000	投資有価証券	3,000

b)

借方科目	金額	貸方科目	金額
のれん	500	投資有価証券	500

c)

借方科目	金額	貸方科目	金額
投資有価証券	500	持分法投資損益	500

d)

借方科目	金額	貸方科目	金額
投資有価証券	75	持分法投資損益	75

問 10 - 5　　応用 ★

次の間接法による連結キャッシュ・フロー計算書における空欄 E の金額はどれになるか。

（単位：千円）

Ⅰ　営業活動によるキャッシュ・フロー	
税金等調整前当期純利益	3,850
減価償却費	425
貸倒引当金の増減額	70
受取利息及び受取配当金	△ 65
支払利息	28
売上債権の増減額	A
たな卸資産の増減額	811
仕入債務の増減額	△ 365
小計	B
利息及び配当金の受取額	55
利息の支払額	△ 20
法人税等の支払額	△ 1,353
営業活動によるキャッシュ・フロー	C
Ⅱ　投資活動によるキャッシュ・フロー	
定期預金の預入による支出	△ 100
定期預金の払戻による収入	100
有形固定資産の取得による支出	△ 754
投資活動によるキャッシュ・フロー	△ 754
Ⅲ　財務活動によるキャッシュ・フロー	
長期借入れによる収入	325
長期借入金の返済による支出	△ 221
配当金の支払額	△ 1,200
財務活動によるキャッシュ・フロー	△ 1,096
Ⅳ　現金及び現金同等物の増減額	D
Ⅴ　現金及び現金同等物期首残高	1,342
Ⅵ　現金及び現金同等物期末残高	E

※　なお、各期末の売上債権残高は、前期末：41,254 千円、当期末：42,078 千円となっている。

a）2,104 千円

b）2,928 千円

c）3,422 千円

d）3,752 千円

Chapter 11 ディスクロージャー

問 11 - 1　基礎☆

ディスクロージャーについて、適切でないものの組み合わせはどれか。

項目	a)	b)	c)	d)
①　開示の種類	法定開示	法定開示	適時開示	任意開示
②　開示の根拠	会社法	金融商品取引法	金融商品取引所の規則	なし
③　主な開示書類	計算書類	有価証券報告書	決算短信	アニュアルレポート
④　提出先	株主	内閣総理大臣	金融商品取引所	米国証券取引委員会
⑤　主なステークホルダー	株主 債権者	投資家	投資家	投資家 金融機関

問 11 - 2　基礎☆

次の決算短信に関する記載で、空欄内に入る語句の組み合わせとして、最も適切なものはどれか。

① 決算情報は、遅くとも決算期末後 [A] 日以内に開示されることが適当とされている。

② 決算短信の基本的な構成は、[B] と添付資料からなっている。

③ 決算短信は、[C] でリアルタイムに閲覧することができる。

④ 決算短信は、[D] ディスクロージャーが求められる。有用な情報提供のため、前期との比較形式で開示したり、金額だけでなく比率も開示したりする。

a) A：30　B：サマリー情報　C：EDINET　D：タイムリー
b) A：30　B：非財務情報　C：TDnet　D：フェア
c) A：45　B：サマリー情報　C：TDnet　D：タイムリー
d) A：45　B：非財務情報　C：EDINET　D：フェア

問 11 - 3　基礎 ☆

次の開示書類等は、会社法又は金融商品取引法（以下、金商法）どちらかに基づいて作成されるものである。適切なものの組み合わせはどれか。

内容	a)	b)	c)	d)
①　臨時計算書類	会社法	金商法	会社法	金商法
②　個別注記表	金商法	会社法	会社法	金商法
③　確認書	会社法	金商法	金商法	会社法
④　附属明細表	金商法	会社法	金商法	会社法

問 11 - 4　応用 ★

次の公認会計士又は監査法人の監査に関する記述で適切でないものはいくつあるか。

①　有価証券報告書は監査、四半期報告書及び半期報告書はレビューが行われる。

②　決算短信は監査、四半期決算短信はレビューが行われる。

③　臨時報告書、自己株式買付状況報告書は監査を省略してもよい。

④　上場会社のうち資本金 5 億円以上又は負債 200 億円以上の会社は、公認会計士又は監査法人による監査が義務付けられている。

⑤　臨時計算書類は公認会計士又は監査法人による監査が義務付けられている。

⑥　事業報告は公認会計士又は監査法人による監査の対象外となっている。

⑦　金融商品取引法上、2021 年 3 月 31 日以後に終了する事業年度より監査報告書に監査上の主要な検討事項（KAM）を記載することが義務付けられた。監査の重要なプロセスを記載するものであり、監査報告書の情報価値を高める。

⑧　定款で会計参与を設置する旨を定めれば、公認会計士又は監査法人は株主総会で選任され、選任後 1 年以内に終了する事業年度のうち最終のものに関する定時株主総会の終結の時まで計算書類等の監査を行う。

a）5つ　　b）6つ　　c）7つ　　d）8つ

Chapter 12 中長期計画管理

問 12 - 1　基礎 ☆

次の空欄内に入る語句の組み合わせとして、最も適切なものはどれか。

中長期計画の作成においては、まず、[A]、経営方針を明らかにする必要がある。次に、[B] 環境分析、[C] 環境分析を行う。[B] 環境分析としては、マクロ環境分析、市場環境分析、競合環境分析、事業環境分析がある。[C] 環境分析としては、製品分析、営業力分析、生産力分析、技術力分析がある。

これらの分析を踏まえて、戦略課題を整理する。どのような改善を図っていくのか項目別に [D] を設定し、調整、決定を行う。

a） A：目標　B：外部　C：内部　D：経営理念

b） A：経営理念　B：内部　C：外部　D：目標

c） A：経営理念　B：外部　C：内部　D：目標

d） A：目標　B：内部　C：外部　D：経営理念

問 12 - 2　基礎 ☆

次の中長期計画の策定、実施上の弊害要因のうち適切でない記述はいくつあるか。

① 中長期計画はあくまでも予測であり、見通し誤り、予測不能事項の発生により経営状況に激変が生じた場合は、予定通りにはいかない。

② 情報や資料の入手不足があった場合、計画にズレが生じる可能性がある。また、情報や資料の入手には時間やコストがかかる問題もある。

③ 中長期計画作成の必要性を認識していない部門が存在することで、安易なものしか策定されないことがある。また、同様に必要性を認識しないことにより、実行力が欠如し、計画自体を否定される可能性がある。

a) ゼロ　　b) 1つ　　c) 2つ　　d) 3つ

問 12 - 3　応用 ★

競合他社に対する自社の優劣を軸に検討する代表的なフレームワークとしてSWOT 分析がある。自社の強み、弱み、市場の機会や脅威を調査し、各々の組み合わせで自社の取るべき戦略や施策を検討する分析手法である。

さて、当社はキッチンや浴室などの住宅設備の製造販売、リフォーム工事を行う会社である。SWOT 分析を実施するにあたり次の調査結果がでた。

・強み：リフォーム工事ではエリアナンバーワンのシェアを誇っている。

・弱み：一般家庭向け新築住宅のシェアはエリア 6 位にとどまっている。

・機会：湾岸エリアでのマンション建設ラッシュによる需要増が期待される。また、高齢者向けリフォームのバリアフリーへのニーズが高まっている。

・脅威：中国からの低価格製品の攻勢により価格競争にさらされつつある。

これらをもとに今後当社が取るべき戦略を検討した結果、①から④の戦略指針を打ち出した。

① 中国からの低価格製品に対して、アフターフォローサービスを充実させて対抗する。

② マンションデベロッパーとの提携を強化する。

③ 低価格競争を回避するため新機能を追加した製品開発を行う。

④ 高齢者向けリフォーム工事の取りこぼしのないように営業体制を強化する。

次の SWOT 分析のフレームワークにおいて、④の戦略指針の区分として、最も適切なものはどれか。

区分	強み	弱み
機会	a)	c)
脅威	b)	d)

Chapter 13 年次予算管理

問 13 - 1

基礎 ☆

次の空欄内に入る語句の組み合わせとして、最も適切なものはどれか。

まずは、［　A　］をベースとして経営者から各部門への目標売上高、目標利益等が示達され、予算編成部署は、各部門に通知、説明する。

次に、各部門において予算を策定する。予算項目が部門をまたぐこともあるので、関係部門との調整も必要になる。また、予算編成部署は適宜、作成に関する［　B　］を行う。

各部門から提出された予算をとりまとめ、［　C　］を確定していく。必要があれば、適宜修正をしていく。関係者との調整が済んだら、経営者層の承認を取る。こうして確定した予算は、各部門、従業員に通知、説明される。

a） A：前年度実績　B：調査や分析　C：予算編成方針
b） A：前年度実績　B：指導やサポート　C：予算編成方針
c） A：中長期計画　B：指導やサポート　C：総合予算
d） A：中長期計画　B：調査や分析　C：総合予算

問 13 - 2

基礎 ☆

次の年次予算に関する記述のうち適切でない記述はいくつあるか。

① 予算の設定方式にトップダウン方式がある。これは、トップ・マネジメントの設定した利益目標に基づいて、ライン末端の具体的な目標まで分解するものである。

② トップダウン方式は、経営者の意思をライン末端の具体的な目標まで分解されるため、予算設定までに時間がかかるおそれがある。

③ 予算編成は、経営者の意思を反映させるため、秘書室といった経営者に近い部署が中心となって行うのが最適である。

④　予算期間は、通常は１年とするが、企業の実状に応じて、半期、四半期、月次、週次、日次といった期間でも問題ない。

a）１つ　　b）２つ　　c）３つ　　d）４つ

Chapter 14 税効果計算業務

問 14 - 1　　基礎 ☆

次の空欄内に入る語句の組み合わせとして、最も適切なものはどれか。

繰延税金資産とは、将来支払うべき法人税等を減額する効果をもつ［　A　］等に対して計上される資産のことをいう。税務上の税額計算には含まれているが、会計上の税金費用の計算上翌期以降の期に帰属すると認められるため、会計上は［　B　］としての性格を有し、資産計上される。なお、繰延税金資産は、将来の課税所得を減額する効果を有する範囲においてのみ計上が認められ、その資産性について毎期見直しを行う必要がある。

繰延税金負債とは、将来の法人税額を増額させる効果をもつ［　C　］に対して計上される負債のことをいう。税務上の税額計算には含まれていないが、会計上の税金費用の計算上当期に帰属するものと考えられるため、会計上は［　D　］としての性格を有し、負債計上される。

a）A：将来減算一時差異　B：未払税金　C：将来加算一時差異
D：前払税金

b）A：将来減算一時差異　B：前払税金　C：将来加算一時差異
D：未払税金

c）A：将来加算一時差異　B：前払税金　C：将来減算一時差異
D：未払税金

d）A：将来加算一時差異　B：未払税金　C：将来減算一時差異
D：前払税金

問 14 - 2　　基礎 ☆

甲株式会社は、X1 期に会計上 200 万円の費用計上をした。しかし、この 200 万円は税務上損金として認められず、X2 期に税務上の損金になるものとして認められた。次の仕訳で最も適切なものどれか。なお、法定実効税率は30%とする。

a） X1 期の仕訳

借方科目	金額	貸方科目	金額
繰延税金資産	60	評価差額金	60

b） X2 期の仕訳

借方科目	金額	貸方科目	金額
法人税等調整額	60	繰延税金資産	60

c） X1 期の仕訳

借方科目	金額	貸方科目	金額
法人税、住民税及び事業税	60	繰延税金負債	60

d） X2 期の仕訳

借方科目	金額	貸方科目	金額
繰延税金負債	60	法人税等調整額	60

問 14 - 3 応用 ★

次の繰延税金資産の回収可能性に関する記述で、適切なものの組み合わせはどれか。

① 繰延税金資産の回収可能性があるかどうかを検討するには、下記の 3 つの要素を加味する必要がある。
- 収益力に基づく課税所得の十分性
- タックスプランニングの存在
- 将来減算一時差異の十分性

② 過去 3 年及び当期の全ての事業年度において、臨時的な原因により生じたものを除いた課税所得が、期末における将来減算一時差異を下回るものの、安定的に生じている場合は、原則として、繰延税金資産の全額につい

て回収可能性がある。

③　一時差異のうち、企業による将来の一定の行為の実施についての意思決定又は実施計画等の存在により、税務上の益金又は損金の算入要件を充足することが見込まれるもので、期末に一定の行為の実施についての意思決定又は実施計画等が存在していないことにより、税務上の益金又は損金の算入要件を充足することが見込まれないもので、税務上の益金又は損金の算入時期が明確でない一時差異を「スケジューリング不能な一時差異」という。

④　連結手続上生じた将来減算一時差異（未実現利益の消去に係る将来減算一時差異を除く）に係る税効果額は、納税主体ごとに各個別貸借対照表上の繰延税金資産の計上額（繰越外国税額控除に係る繰延税金資産を除く）と合算し、個別税効果と同じ回収可能性を判断し、繰延税金資産の連結財務諸表における計上の可否及び計上額を決定する。

a）①と②

b）③と④

c）①と③

d）①から④すべて

問 14 - 4　応用★

次の事例の場合、X2 年 3 月期末の繰延税金資産の金額はどれになるか。

甲株式会社の決算日は 3 月 31 日である。法定実効税率は 30%であった。

X1 年 3 月期、X2 年 3 月期の別表調整額は次の通りである。

（単位：千円）

		X1 年 3 月期	X2 年 3 月期
税引前当期純利益		12,760	13,854
（加算）	棚卸資産評価損	700	−
	貸倒引当金繰入限度超過額	−	500
	賞与引当金	350	400
	交際費損金不算入額	120	200
	加算　計	1,170	1,100

（減算）	棚卸資産評価損認容	−	500
	賞与引当金認容	−	350
	未払事業税認容	−	450
	減算　計	−	1,300
	課税所得	13,930	13,654

X1 年 3 月期に未払事業税を 450 千円、X2 年 3 月期に未払事業税を 550 千円計上した。

X0 年 3 月期以前の別表調整項目はない。繰延税金資産の回収可能性は、分類 1 であり、繰延税金資産の全額について回収可能性がある。

a） 270 千円

b） 435 千円

c） 495 千円

d） 555 千円

Chapter 15 消費税申告業務

問 15 - 1

基礎 ☆

消費税の課税に関して述べた次の記述のうち、最も適切でないものはどれか。

a） 消費税の課税対象は、事業者が対価を得て行う、国内における商品の販売、サービスの提供等及び保税地域から引き取られる外国貨物である。

b） 土地や有価証券の譲渡は、課税対象取引ではあるが、消費に負担を求める税という消費税の性格に鑑み、課税の対象としてなじまないことから、非課税取引とされている。

c） 消費税の納税義務者は、基準期間の課税売上高が 5,000 万円を超える事業者である。

d） 消費税及び地方消費税の税率は 10%（うち地方消費税率は 2.2%）であるが、酒類・外食を除く飲食料品と定期購読契約の週 2 回以上発行の新聞については、税率が 8%（うち地方消費税率は 1.76%）に軽減される。

問 15 - 2

基礎 ☆

国内において事業者が行う次の取引について、消費税の課税区分（課税取引、非課税取引、不課税（課税対象外）取引をすべて正しく記載しているものは a) ～ d)のうちどれか。

	a)	b)	c)	d)
給与・賃金の支払い	非課税	不課税	不課税	不課税
損害賠償金の受領	非課税	非課税	不課税	不課税
住宅の貸付け（期間 1 カ月以上）	非課税	課税	課税	非課税
駐車場の貸付け	課税	非課税	非課税	課税
株式の配当金	不課税	非課税	非課税	不課税

問 15 - 3　応用 ★

当社は化粧品（課税資産）の小売業を営む法人である。以下の資料に基づき、当社が当期の確定申告で納付すべき消費税及び地方消費税を正しく計算したものは、a)から d)のうちどれか。なお、仕入税額控除の計算は個別対応方式によるものとする。

●売上に関する項目（税込み）

・商品売上高　550,000,000 円

・土地売却収入　300,000,000 円

●売上原価・販売費及び一般管理費に関する項目（税込み）

・商品仕入高　330,000,000 円

・給与　50,000,000 円

・本社建物の賃借料　44,000,000 円

・支払手数料（土地売却に係るもの）　9,900,000 円

●中間納付税額　6,650,000 円（うち地方消費税　1,463,000 円）

a）　2,054,400 円

b）　7,500,000 円

c）　10,850,000 円

d）　17,500,000 円

問 15 - 4　基礎 ☆

消費税の仕入税額控除に関する次の説明のうち、誤っているものはどれか。

a）　課税期間における課税売上高が 5 億円以下で課税売上割合が 95%以上の場合は、その課税期間の課税仕入れ等に係る消費税額の全額を控除することができる。

b）　仕入控除税額を個別対応方式により計算するか一括比例配分方式により計算するかは納税者が選択できるが、一括比例配分方式を選択した場合には、2 年間以上継続して適用した後でなければ、個別対応方式に変更することはできない。

c）課税売上割合とは、その課税期間中の国内における課税資産の譲渡等の対価の額の合計額（分子）を国内において行った資産の譲渡等の対価の額の合計額（分母）で除して計算した割合をいう。この場合、輸出免税売上高は、分子および分母の両方に含める。

d）課税売上割合を計算する際、株式の譲渡については、株式譲渡益の5%を非課税売上高とする。

問 15 - 5　基礎 ☆

消費税の簡易課税について述べた次の記述のうち、誤っているものはどれか。

a）簡易課税制度の適用を受けたい場合は、その適用を受けたい課税期間の前課税期間中に簡易課税制度選択届出書を提出する必要がある。ただし、事業を開始した課税期間については、その課税期間中に届出書を提出すれば、その課税期間から適用を受けられる。

b）簡易課税制度は、課税売上高にみなし仕入率を乗じて簡便に仕入控除税額を計算する方法である。

c）飲食店業は、第 4 種事業に該当し、みなし仕入率は 60%である。

d）簡易課税制度選択届出書を提出している場合、基準期間における課税売上高が 5,000 万円以下であれば、簡易課税と原則課税の有利な方を選択して申告することができる。

問 15 - 6　応用 ★

消費税の申告について述べた次の記述のうち、正しいものはどれか。

a）消費税の確定申告書は、株主総会の日の翌日から起算して 2 カ月以内に提出しなければならない。

b）法人税の確定申告書の提出期限の延長の特例の適用を受けている法人は、消費税の提出期限も 1 カ月延長される。

c）直前期の確定消費税額（地方消費税を除く）が 4,000 万円の場合、消費税の中間申告回数は年 3 回である。

d）消費税の中間申告書の提出期限を過ぎてから仮決算による中間申告書を提出した場合、無申告加算税が課される。

Chapter 16 法人税申告業務

問 16 - 1　基礎 ☆

青色申告に関する次の記述のうち、誤っているものはどれか。

a) 法人税の申告を青色申告で行うには、事前に税務署長の承認を受ける必要がある。

b) 法人税の申告において、欠損金の繰越控除、法人税の軽減税率の適用、租税特別措置法に基づく特別償却等のメリットを受けることができるのは、青色申告の場合に限られる。

c) 青色申告をする会社は、所定の事項を記載した仕訳帳、総勘定元帳その他の帳簿等を作成し、取引の裏付けとなる証ひょう書類等とともに保存することが必要である。

d) 法人税の申告を2期連続で申告期限後に行うと、青色申告の承認が取り消される。

問 16 - 2　基礎 ☆

次に掲げる記述は、日々の経理業務において、特に税務に関して注意すべきポイントを挙げたものである。最も適切でないものはどれか。

a) 「交際費」勘定や「寄附金」勘定で処理しない経費支出の中に、法人税法上の交際費や寄附金に該当するものがないか。

b) 消耗品等を取得した場合に、資産計上する必要があるかどうか。

c) 資産の取得・売却、雑収入の計上等があった場合に、消費税が正しく処理されているか。

d) 資産の取得や経費の支出に関し、事前に社内承認を受けているかどうか。

問 16 - 3　応用★

下記の資料に基づき、当社の当期純利益に対して加算調整又は減算調整を行い、法人税額を適切に計算したものはどれか。法人税の税率は 23.2%（所得金額 800 万円以下の部分は 15.0%）とする。

なお、当社は期末資本金額 8,000 万円の内国普通法人（大会社の関係会社等ではない）である。

（単位：円）

① 当期純利益　30,000,000
② 損金経理した法人税・地方法人税・住民税　6,600,000
③ 納税充当金から支出した事業税等　1,400,000
④ 交際費の損金不算入額　6,700,000
⑤ 受取配当等の益金不算入額　900,000
⑥ 減価償却の償却超過額　1,800,000
⑦ 退職給付引当金繰入超過額　3,500,000

a） 10,085,600 円
b） 11,344,800 円
c） 11,600,000 円
d） 11,152,800 円

問 16 - 4　基礎☆

法人税の確定申告について述べた次の記述のうち、適切でないものはどれか。

a） 法人税の確定申告書は、原則として事業年度終了の日の翌日から 3 カ月以内に提出しなければならない。
b） 資本金 1 億円超の会社は、法人税の申告書を電子申告で提出しなければならない。
c） 法人税の確定申告書には、貸借対照表、損益計算書、株主資本等変動計算書、勘定科目内訳明細書、事業概況書、適用額明細書等を添付して提出しなければならない。

d) 法人税の確定申告書を正当な理由なく申告期限までに提出しない場合、無申告加算税を課される。

問 16 - 5

基礎 ☆

法人事業税について述べた次の記述のうち、誤っているものはどれか。

a) 法人事業税は、法人が自ら税額を計算し、申告を行う都道府県税である。

b) 期末資本金が 1 億円超の法人は、事前に届出を行うことにより外形標準課税の適用を受けることができる。

c) 外形標準課税が適用される場合、事業税は所得割と付加価値割と資本割の合計となり、損益計算書上、所得割は「法人税、住民税及び事業税」に含めて表示し、付加価値割と資本割は販売費及び一般管理費の「租税公課」に含めて表示する。

d) 複数の都道府県に事務所を有する法人は、それぞれの都道府県に法人事業税の申告・納付を行わなければならない。

Chapter 17 連結納税申告業務（グループ通算税制）

問 17 - 1　基礎☆

連結納税制度とグループ通算制度の異同について述べた以下の記述のうち、誤っているものはどれか。

a）連結納税制度は親法人がグループ全体の申告・納税を一括して行うが、グループ通算制度では原則として各法人が個別に申告・納税を行う。

b）修正申告をする場合、連結納税制度では親法人がグループ全体で再計算を行って修正申告を行う必要があるが、グループ通算制度では、各法人が個別に修正申告を行う。

c）制度の適用を受けようとする場合、連結納税制度は、親法人と完全支配関係があるすべての子法人が連名で制度適用の承認申請を行う必要があるが、グループ通算制度は、親法人と適用を受けようとする子法人が個別に承認申請を行う。

d）連結納税制度もグループ通算制度も、地方税や消費税等は、各法人ごとに個別に税額を計算し、申告・納税する。

問 17 - 2　基礎☆

完全支配関係がある法人間の取引等に係る税制について述べた次の記述のうち、誤っているものはどれか。

a）親会社が 100％子会社に対して寄附金を支出した場合、その寄附金の額は親会社の損金の額に算入されず、その寄附金の額に対応する受贈益の額は子会社の益金の額に算入されない。

b）親会社が 100％子会社から受け取った配当については、負債利子を控除せずに全額が益金不算入とされる。

c）資本金 5 億円以上の大法人の 100％子会社は、資本金の額が 1 億円以下であっても、年 800 万円以下の所得に対する法人税の軽減税率（中小企業向けの特例措置）の適用を受けることはできない。

d） 資本金 5 億円以上の大法人の 100%子会社は、資本金の額が 1 億円以下である場合は、交際費の年 800 万円（定額控除限度額）の損金算入制度（中小企業向けの特例措置）の適用を受けることができる。

Chapter 18

税務調査対応

問 18 - 1　基礎 ☆

税務調査に関する次の記述のうち、誤っているものはどれか。

a) 納税者には税務調査に対する受忍義務があり、たとえ任意調査であっても、調査を完全に拒否することはできない。

b) 調査官が会社に出向いて行う調査のことを実地調査といい、実務上、単に「調査」という場合は、この実地調査のことをいう場合が多い。

c) 税務調査を受けたことにより調査官から指摘を受けた事項については必ず修正申告をしなければならない。

d) 税務署長が職権で課税処分を行うことを更正という。更正処分をした税務署長に対してその処分の取消しや変更を求めて不服を申し立てることを再調査の請求といい、また、国税不服審判所長に対して税務署長の行った処分の取消しや変更を求めて不服を申し立てることを審査請求という。

問 18 - 2　基礎 ☆

附帯税について述べた次の記述のうち、適切でないものはどれか。

a) 過少申告加算税は、当初の申告が過少だったことに対するペナルティであり、修正申告等により納付することとなった税額の 10%（期限内申告税額と 50 万円のいずれか多い額を超える部分は 15%）である。

b) 延滞税は、税額の納付が遅延したことに対する利息としての意味合いのあるペナルティであり、納付した事業年度の所得の金額の計算上、損金算入することができる。

c) 不納付加算税は、源泉徴収すべき源泉所得税を源泉徴収しなかったことに対するペナルティであり、納付税額の 10%である。ただし、この税率は、税務署から指摘される前に自主的に納付した場合には5%に軽減される。

d） 重加算税とは、仮装隠ぺいの事実があるなど悪質なケースに、過少申告加算税等に代えて課される附帯税であり、税率は35%（過少申告加算税、不納付加算税に代えて課される場合）または40%（無申告加算税に代えて課される場合）である。過去5年内に無申告加算税または重加算税を課されたことがあるとき等は、さらに10%加算される。

問 18 - 3 基礎☆

税務調査を受けて修正申告した場合の会計処理に関する次の記述のうち、誤っているものはどれか。

a） 法人税、住民税及び事業税の追徴税額が発生した場合は、損益計算書上は、「法人税、住民税及び事業税」の次に「法人税等追徴税額」等の科目で記載する。

b） 追徴税額の重要性が乏しいと認められる場合は、追徴税額を「法人税、住民税及び事業税」に含めて表示することができる。

c） 過少申告加算税や延滞税は、販売費及び一般管理費の「租税公課」に含める。

d） 追徴税額のうち未納付額は、貸借対照表上「未払法人税等」に含める。

Chapter 19 現金出納管理

問 19 - 1 基礎 ☆

経理部門が支払依頼書の精査にあたりチェックすべき項目として最も適切でないものは次のうちどれか。

a) 支払先

b) 勘定科目

c) 当社の銀行口座残高

d) 支払内容

問 19 - 2 応用 ★

決算日において当座預金口座残高と帳簿上の当座預金残高の照合を行ったところ、当社側で入金処理済みであるが、銀行側で入金未処理となっているものがあることが判明した。次のいずれのケースがこれに該当するか。

a) 得意先からの当座振込があったものの、銀行から会社への通知が未達の場合

b) 光熱費の自動引落があったものの、銀行から会社への通知が未達の場合

c) 時間外預入れの場合

d) 未渡小切手の場合

問 19 - 3 基礎 ☆

現預金出納管理における内部統制として、適切でないものは次のうちどれか。

a) 現預金取扱者以外の者が定期的に現金・預金残高と帳簿との照合を行うことは内部統制上有効な手続きである。

b) 経理業務を効率的に行うため、出納担当者が帳簿の記入担当者を兼任す

ることは内部統制上も有効である。

c） 領収書の偽造防止のため、連番管理を行い、予め主要な取引先にも領収書の印鑑を届出しておくことも内部統制上有効な手続きである。

d） システム上の支払先情報を定期的にチェックし、不要な口座情報を削除することも内部統制上有効である。

Chapter 20

手形・小切手管理

問 20 - 1　　基礎☆

以下の手形の業務及び会計処理に関して、適切でないものは次のうちどれか。

a） 手形の不渡りとは、手形が支払いのため呈示されたにもかかわらず残高不足等の理由で支払銀行が支払を拒絶することをいう。所持している手形が不渡りになった場合は、通常の受取手形と区別するために、「受取手形」勘定から「不渡手形」勘定に振り替える。

b） 手形の更改とは、振出人の資金不足等の理由で、振出済みの手形の支払期日を延期した新しい手形を再度振り出して旧手形を無効にし、旧手形と新手形を交換することをいう。期日が延期されるだけなので、手形の更改時には会計処理は行わない。

c） 手形の割引とは、満期日前の手形を銀行などの金融機関に買い取ってもらうことをいう。会計処理上、割引料や手数料を「手形売却損」として費用計上する。また、手形の割引を行った際には、新たに保証債務を負うことになるため、この保証債務についての会計処理も必要となる。

d） 手形の裏書とは、満期日前の手形を他人に譲渡することをいう。手形の裏面に必要事項を記入、署名捺印することから裏書と呼ばれる。手形の割引と同様、保証債務についての会計処理も必要となる。

問 20 - 2　　応用★

電子記録債権（でんさい）の記述について、適切でないものは次のうちどれか。

a） 電子記録債権は、支払期日に自動入金され、裏書や割引にも対応は可能であるが、分割しての利用はできない。

b) 電子記録債権は、手形の振出し作業や郵送作業など、支払に関する事務負荷が軽減される。

c) 電子記録債権は、電子債権記録機関の記録原簿で管理されていることから、現物管理が不要で、紛失・盗難リスクからも解放される。

d) 電子記録債権は、手形と異なり印紙税は課税されない。また、電子データで処理されることから、郵送コストも削減される。

問 20 - 3　基礎 ☆

小切手の記述について、適切なものは次のうちどれか。

a) 線引き小切手とは、盗難・紛失等を防ぐために考案された小切手であり、取立依頼銀行の指定があるものを一般線引き小切手という。

b) 小切手の支払呈示期間は支払期日を含めて3日間となっており、手形と比べて短い。

c) 小切手も手形と同様、印紙税が課される。

d) 他人振出小切手を受領した場合、通貨と同じ性格をもつことから「現金」勘定に計上する。

Chapter 21

有価証券管理

問 21 - 1　基礎 ☆

有価証券の評価（減損については考慮しない）に関する会計処理（個別財務諸表に関する処理）に関する記述につき、適切でないものは次のうちどれか。

a) 売買目的有価証券は、時価で評価を行い、評価差額は当期の損益として損益計算書に表示される。

b) 満期保有目的の債券は、取得価額と額面金額の差額相当額（金利の調整と認められるもの）を、償却原価法により、満期までの残存期間で按分して簿価に加減算するとともに、当期の損益として損益計算書に表示する。

c) 子会社株式は、取得価額のままで期末に評価を行わない。

d) その他有価証券（市場価格のない株式等以外）については、時価で評価を行うものの、全部純資産直入法のみ認められており、部分純資産直入法は認められていない。

問 21 - 2　応用 ★

下表は当社の投資先 A 社及び B 社の財務諸表上の数値を表したものである。以下の財務指標の中で、A 社の方が B 社より低くなっている指標は次のうちどれか。

	A 社	B 社
当期純利益	500 百万円	4,000 百万円
自己資本（純資産）	4,000 百万円	25,000 百万円
総資産	8,000 百万円	200,000 百万円
株価	2,800 円	1,500 円
発行済株式総数	2 百万株	20 百万株

a）株価収益率（PER）

b）株価純資産倍率（PBR）

c）自己資本利益率（ROE）

d）自己資本比率

問 21 - 3 応用★

有価証券の税務処理について、適切なものは次のうちどれか。

a）法人税法等では、売買目的有価証券について時価法による期末評価を行うこととしているが、洗替処理しか認められず、切放し処理は認められていない。

b）有価証券を購入する際の購入手数料その他有価証券の購入のために要した費用は税務上損金経理を要件として、損金算入が認められる。

c）有価証券の譲渡原価の計算の基礎となる１単位当たりの帳簿価額の算定は、移動平均法と総平均法が認められている。ただし、移動平均法を選択する場合には、一定の期日までに税務署長に届出書を提出しなければならない。

d）法人税法等では、資産の評価損は損金不算入であるため、有価証券の減損処理も損金算入は認められていない。

問 21 - 4 基礎☆

有価証券に係る内部統制に関する記述について、適切でないものは次のうちどれか。

a）有価証券の管理に際しては、有価証券の現物保管者、承認者、帳簿の記入者の担当を分け、職務の分離を行うようにする。

b）有価証券の運用には様々なリスクを伴うため、予めリスク管理方針、資金運用方針を定めておく。

c）有価証券取引は昨今その仕組みが複雑なものが多く理解が困難なものもあるため、その運用は社内外の専門家に委託し、経営者は必ずしも取引内容を理解していなくともよい。

d） モニタリング活動として、定期的に有価証券台帳と現物との実査を実施したり、内部監査人による独立した視点からのリスク評価を定期的に実施したりすることは有効である。

問 21 - 5　基礎 ☆

インサイダー取引（内部者取引）に関する記述ついて、適切でないものは次のうちどれか。

a） インサイダー取引における重要事実の「公表」の方法としては、上場する証券取引所等に対して TDnet（適時開示情報伝達システム）を通じて情報を通知することも認められている。

b） インサイダー取引における「重要事実」とは、その上場会社（子会社も含む）の重要な内部情報のことで、例えば、新株発行や株式分割等会社が決定する事実、災害による損害や主要株主の異動等会社に発生する事実、売上高等の変化等決算に係る事実が含まれる。

c） インサイダー取引の違法行為を行った場合は、5 年以下の懲役もしくは 500 万円以下の罰金（または併科）に処せられ、また、得られた財産は没収される。

d） インサイダー取引における「会社関係者」とは上場会社等（上場会社とその親会社・子会社）の役職員（パートタイマー含む）、帳簿閲覧権を有する株主（3%以上の議決権を持つ株主）、法令に基づく権限を有する者（公務員等）、上場会社等との契約締結者（公認会計士、弁護士等）も含まれるが、その上場会社の退職者は含まれない。

Chapter 22 債務保証管理

問 22 - 1　　基礎☆

保証人と連帯保証人の記述に関して適切でないものは次のうちどれか。

a)　保証人には催告の抗弁権があるが、連帯保証人にはない。

b)　保証人には分別の利益があるが、連帯保証人にはない。

c)　保証人には検索の抗弁権がないが、連帯保証人にはある。

d)　保証人も、連帯保証人も主債務者に対する求償権は認められている。

問 22 - 2　　応用★

当社の決算日における偶発債務を表す事例として適切でないものは次のうちどれか。なお、当社の決算日は X1 年 12 月 31 日とする。

a)　当社は、X1 年 12 月 16 日、取引先振出の約束手形を銀行で割引き、資金化した。なお、この手形の決済日は X2 年 1 月 31 日である。

b)　当社は、X2 年 1 月 10 日に主力工場で火災が発生し、近隣住民への損害賠償義務が生じる可能性があるものと考えられる。なお、警察の調査によれば、出火当日の当社の社員によるタバコの不始末が火災の原因と考えられている。

c)　当社は、X1 年 2 月 2 日、製造物責任訴訟により提訴され、損害賠償を求められている。X2 年 3 月に第一審の判決が出る見通しである。

d)　当社は、X1 年 11 月 30 日、子会社の借入に対し債務保証を行った。

問 22 - 3　　基礎☆

債務保証の会計処理に関して適切でないものは次のうちどれか。

a)　将来の損失の発生の可能性が高く、かつ損失金額の見積が可能な場合は、債務保証損失引当金を計上する。

b）将来の損失の発生の可能性が高いが、損失金額の見積が不可能な場合は、債務保証の金額を注記する。また、損失の発生の可能性が高いが損失金額の見積りが不可能である旨、その理由および主たる債務者の財政状態等を追加情報として注記する。

c）将来の損失の発生の可能性がある程度予想される場合は、債務保証の金額を注記する。また、損失発生の可能性がある程度予想される旨および主たる債務者の財政状態等を追加情報として注記する。

d）将来の損失の発生の可能性が低い場合は、特に会計処理も注記も必要ない。

Chapter
23 貸付金管理

問 23 - 1 基礎☆

金銭消費貸借契約に関する記述について、適切でないものは次のうちどれか。

a) 通常、金銭消費貸借契約では、利息と遅延損害金を定めているが、貸金業者等の場合、仮に利息制限法を超過する金利を定めた場合、利息全体について無効とされる。

b) 銀行が法人相手に行う融資の中で、財務制限条項や格付維持条項等が設定されることがある。これらの条項をコベナンツ条項といい、これらの条項が守られなかった場合、一定のペナルティが課される。

c) 借主が元本・利息の支払いを怠ったときや他の債務につき強制執行等を受けたとき等民法上の一定の事由が発生した場合、直ちに債務を弁済しなければならない。これを期限の利益の喪失という。

d) 表明保証とは、契約時における契約当事者に関する事実、契約の目的物の内容等に関する事実について、当該事実が真実かつ正確である旨契約当事者（特に借手側）が表明し、相手方（貸手側）に対して保証するものである。

問 23 - 2 応用★

下表は当社の貸付先の財務諸表上の前期・当期の数値を表したものである。前期に比べ当期に改善した財務指標は次のうちどれか。

（単位：百万円）

	前期	当期
売上高	2,500	2,000
流動資産	900	800
固定資産	1,000	1,200
総資産	1,900	2,000
流動負債	600	700
固定負債	500	400
自己資本（純資産）	800	900

a） 流動比率　b） 固定比率　c） 自己資本比率　d） 総資産回転率

問 23 - 3

応用 ★

以下の貸付金の貸倒れ等の損失処理について、税務上損金算入が認められるケースは、次のうちどれか。

a） 会社更生法の更生手続開始の決定があった場合において、その決定により貸付金の切り捨てが見込まれることとなった場合

b） その債務者の資産状況、支払能力等からみて貸付金の一部が回収できないことが明らかになった場合

c） 親会社が子会社を再建する場合の貸付金の債権放棄で、業績不振の子会社等の倒産を防止するためにやむを得ず行われるもので、合理的な再建計画に基づくものである等その債権放棄をしたことについて相当な理由があると認められる場合

d） 借手との取引を停止した時（最後の弁済期又は最後の弁済の時が当該停止をした時以後である場合には、これらのうち最も遅い時）以後 1 年以上経過した場合

Chapter 24

借入金管理

問 24 - 1

基礎 ☆

以下は3つの資金調達方法の特徴を示した表であるが、①から④の組合せのうち、適切なものは次のうちどれか。

	返済義務	議決権の付与	担保の必要性	配当・利息の税務処理
有償増資	なし	②	必要なし	損金算入不可
社債	①	なし	必要がない場合が多い	④
銀行借入	あり	なし	③	損金算入可能

a) ①なし　②あり　③必要がない場合が多い　④損金算入可能

b) ①なし　②なし　③必要がある場合が多い　④損金算入不可

c) ①あり　②あり　③必要がない場合が多い　④損金算入不可

d) ①あり　②あり　③必要がある場合が多い　④損金算入可能

問 24 - 2

基礎 ☆

借入に関する記述に関して適切でないものは次のうちどれか。

a) 利息の計算方法に関し、借入日と返済日のいずれか一方を借入日数に算入しない計算方法を片端入れという。

b) 借主から金銭消費貸借契約証書の代りに約束手形（借主を振出人、貸主を受取人とする）を振出させて、手形金額に相当する額の貸付をすることを手形割引という。

c) 元本の返済方法に関し、返済開始から終了まで、毎回の返済額が均等になる返済方式を元利均等返済方式という。

d) 金融機関が取引先の企業に対して定めた融資枠のことで、この枠内であれば一定期間いつでも審査を必要とせずに借入が可能となるものを、コミットメントラインという。

問 24 - 3

基礎 ☆

短期借入金の資金使途として該当しないものは次のうちどれか。

a） 経常運転資金

b） 決算賞与資金

c） 季節資金

d） 設備資金

Chapter 25 社債管理

問 25 - 1 基礎 ☆

社債についての以下の記述について、適切なものは次のうちどれか。

a) 債券における投資家の権利移転をコンピューター上の振替口座簿における残高の増減額記録により行う決済制度にて扱う社債等を登録債という。

b) 社債は借入とは異なり、通常債権者が多数に及ぶこと、無担保社債が主流であることから、その発行は株式会社しか認められていない。

c) 社債の募集にあたり、公募債は、少額等の場合を除き、原則として有価証券報告書の提出が義務付けられている。

d) 社債の発行会社の全財産によって優先的に弁済される権利が付されている債券を一般担保付社債という。

問 25 - 2 応用 ★

社債関係者についての以下の記述について、適切でないものは次のうちどれか。

a) 格付機関とは、債券等の元本・利息を社債発行者が償還まで予定通り支払えるかどうかの見通しを一定の記号で評価し、ランク付けをする機関のことをいう。

b) 社債管理者とは、社債権者のために社債に関する債権の弁済の受領、債権の保全等社債の管理を行う者のことで、その就任は銀行・信託銀行・弁護士法人・弁護士等一定の者に限られる。

c) 発行代理人とは、一般債振替制度において、発行者の代理人として、一般債に係る記録等の手続きを行う者をいう。

d) 財務代理人とは、社債管理者を設置しないような場合においても、発行者の代理人として、社債の発行・期中管理・元利金支払等事務手続きを行う者をいう。

問 25 - 3　基礎 ☆

社債発行の業務の流れを時系列に表しているものは次のうちどれか。

（社債発行の業務）

① 社債発行を取締役会に付議する。

② 社債発行に伴い入金処理を行い、諸費用の支払いを行う。

③ 社債発行に際し格付けを取得し、管理会社等と契約を締結する。

④ 社債発行に際し必要要件を定義する。

a）①→③→④→②

b）③→④→①→②

c）①→④→③→②

d）④→①→③→②

問 25 - 4　基礎 ☆

社債に関する会計・税務処理に関し、適切でないものは次のうちどれか。

a）社債発行費は支出時に一時の費用として計上するが、「繰延資産」として処理することも認められている。

b）税法上の社債発行費の償却限度額はその繰延資産の金額（過年度の損金処理額控除後）とされているため、税務上も社債発行費を一時の損金として計上することは可能である。

c）社債を発行したときは、契約締結時に額面金額（債務額）を負債に計上し、発行金額と額面金額との差額を「繰延資産」として計上する。

d）社債利息は発生主義により、経過期間に応じて費用として計上する。

Chapter
26 デリバティブ取引管理

問 26 - 1　基礎 ☆

次のデリバティブ取引の説明につき、適切でないものは次のうちどれか。

a）オプション取引とは、将来の一定期日までに、対象となる商品を特定の価格で売り付ける権利又は買い付ける権利の取引をいう。

b）スワップ取引とは、将来の一定期間に起こる経済価値が等価であると考えられる 2 つのキャッシュ・フローを相対する当事者間で合意した条件のもとで支払・受取を行う取引をいう。

c）先渡取引（フォワード）・先物取引（フューチャー）とも、ある商品のある特定された量につき、将来の一定の日を受渡日として、現在定める価格で売買の約束をすることであるが、先渡取引は取引所取引であるのに対し、先物取引は相対取引である。

d）先渡取引・先物取引の決済方法について、先渡取引は受渡決済が原則であるのに対し、先物取引は差金決済が一般的である。

問 26 - 2　応用 ★

ヘッジ会計について、適切でないものは次のうちどれか。

a）繰延ヘッジとは、ヘッジ対象（原資産等）に係る損益が認識されるまでは、ヘッジ手段（デリバティブ）に係る損益又は評価差額を、純資産の部において繰延べる処理をいう。

b）時価ヘッジとは、ヘッジ対象である資産又は負債に係る相場変動等を損益に反映させる一方、ヘッジ手段（デリバティブ）も同様に損益に反映させることで、同一の会計期間に損益計算書にて対応させる処理をいう。

c）ヘッジ取引は特殊な取引であることから、ヘッジ取引開始時に一定の要件を満たす必要があるほか、ヘッジ取引時以降においても、一定のヘッジ有効性の評価を行うことが求められる。

d）ヘッジ会計が適用されるヘッジ対象（原資産等）には、相場変動等がその評価に反映され、評価損益も損益計算書上、損益として反映されるもの（例：売買目的有価証券）が含まれる。

問 26 - 3　基礎 ☆

デリバティブ取引に係る内部統制に関する記述について、最も適切でないものは次のうちどれか。

a）デリバティブ取引は複雑な取引であることから、予め、諸規程を整備し、責任者・担当者の権限、取引の手続を明確化しておくとともに、取引の種類・金額についても担当者の裁量の範囲を定めておくことは重要である。

b）デリバティブ取引の利用目的としてヘッジ目的、投機目的、裁定目的が挙げられるが、企業がヘッジ目的以外でデリバティブ取引を活用することは常に内部統制上問題がある。

c）デリバティブ取引には様々なリスクを伴うため、予めリスク管理方針、デリバティブ利用方針を定めておく。

d）デリバティブ取引を実行する部署と取引の記帳・管理をする部署に分離するといった職務の分離を行うことは内部統制上有効な施策と考えられる。

Chapter 27 外貨建取引管理

問 27 - 1　基礎 ☆

為替リスクのヘッジ方法として、適切でないものは次のうちどれか。

a）ドル建ての輸出の売掛金について、先物為替予約を付すこと。

b）ドル建てで輸出を行っている企業が、輸入を円建てで行うこと。

c）親会社が子会社等の債権債務を一括管理し、ネッティングを活用すること。

d）買い持ちの為替ポジションを持つ企業が、同じ通貨で同額の借入金で資金調達を行うこと。

問 27 - 2　基礎 ☆

以下の外貨建資産の決算時における貸借対照表価額を表したものについて適切でないものは次のうちどれか。

a）その他有価証券に分類される上場株式：決算時における時価に決算時の為替レートを乗じた金額。

b）子会社株式：取得原価に決算時の為替レートを乗じた金額。

c）売買目的有価証券：決算時における時価に決算時の為替レートを乗じた金額。

d）売掛金：取得原価に決算時の為替レートを乗じた金額。

問 27 - 3　応用 ★

為替予約の会計処理のうち振当処理について、適切でないものは次のうちどれか。

a）ヘッジ対象が物品の売買・役務の授受に係るもの（売掛金・買掛金等）であり、取引発生時に為替予約が付された場合、当該予約レートにより、当該売掛金・買掛金等を円換算する。

b）ヘッジ対象が物品の売買・役務の授受に係るもの（売掛金・買掛金等）であり、取引発生後に事後的に為替予約が付された場合、取引発生時の売掛金・買掛金等の金額と、当該予約レートによる円換算額を直々差額と直先差額の2要因に分け、前者は予約日の属する期の損益と処理し、後者は、原則として為替予約等の契約締結日から外貨建金銭債権債務の決済日の期間にわたり期間配分する。

c）ヘッジ対象が資金の借入又は貸付に係るものであり、取引発生時に為替予約が付された場合、直先差額が発生することから、原則として為替予約等の契約締結日から外貨建金銭債権債務の決済日の期間にわたり期間配分する。

d）ヘッジ対象が資金の借入又は貸付に係るものであり、取引発生後に事後的に為替予約が付された場合、直先差額は予約日の属する期の損益と処理し、直々差額は、原則として為替予約等の契約締結日から外貨建金銭債権債務の決済日の期間にわたり期間配分する。

Chapter 28

資金管理

問 28 - 1

基礎 ☆

設備投資資金計画に関する次の記述のうち、適切でないものはどれか。

a) 設備投資にあたっては、まずは何のために設備投資を行うのか、それによってどのような効果が期待できるのかを明確にすることが重要である。

b) 設備投資は会社の将来を長期にわたって方向づける戦略的な投資であることから、内部資金の活用、増資又は社債発行・長期借入金といった長期の資金調達方法で資金を調達するのが望ましい。

c) 設備投資の投資効果を測定する手法として、総資産利益率（ROA）を使用するのが望ましい。

d) 固定長期適合率は、固定資産への投資が長期資金(自己資本＋固定負債)の枠内で賄われているかを示す指標で、一般的にこの値が 100%以下であるのが望ましいとされている。

問 28 - 2

基礎 ☆

加重平均資本コスト（WACC）の計算式に関し、①及び②の適切な用語の組み合わせを表しているのは、次のうちどれか。

WACC＝株主資本コスト×(①÷(①＋②))＋負債コスト×(1－実効税率)×(②÷(①＋②))

a) ①負債総額　②株主資本総額（時価）

b) ①株主資本総額（時価）　②負債総額

c) ①負債総額　②株主資本総額（簿価）

d) ①株主資本総額（簿価）　②負債総額

問 28 - 3　応用 ★

下表は当社の財務諸表上の前期・当期の数値を表したものである。前期に比べ当期に短縮された財務指標は次のうちどれか。

（単位：百万円）

	前期	当期
売上高	20,000	22,000
売上原価	12,000	14,000
売掛債権	4,000	5,000
棚卸資産	3,000	4,000
買掛債務	2,500	4,000

a）売掛債権回収日数（売掛債権回転日数）

b）棚卸資産在庫日数（在庫回転日数）

c）買掛債務支払日数（買掛債務回転日数）

d）キャッシュ・コンバージョン・サイクル（CCC）

問 28 - 4　基礎 ☆

資金運用表に関する次の記述のうち、適切でないものはどれか。

a）減価償却費は、資金の源泉（調達）として捉えられる。

b）売上債権の減少は、資金使途（運用）として捉えられる。

c）税引前当期純利益は、資金の源泉（調達）として捉えられる。

d）配当金の支払いは、資金使途（運用）として捉えられる。

問 28 - 5　基礎 ☆

キャッシュ・フロー計算書に関する次の記述のうち、適切でないものはどれか。

a）無形固定資産の取得は、投資活動によるキャッシュ・フローの減少要因である。

b）配当金の支払いは、財務活動によるキャッシュ・フローの減少要因である。

c）売掛金の増加は、営業活動によるキャッシュ･フローの減少要因である。

d）配当金の受取りは、財務活動によるキャッシュ・フローの増加要因である。

問 28 - 6 応用★

キャッシュ・フロー計算書において営業活動によるキャッシュ・フローがマイナス、投資活動によるキャッシュ・フローもマイナスであるが、財務活動によるキャッシュ・フローがプラスである場合、その企業の経営状況を最も適切に表している記述は次のうちどれか。

a）新規投資を積極的に行い、資金調達も順調に行っているものの、まだ営業活動として結果がでていない状況。

b）営業活動が順調で、新規投資も積極的に行っており、余裕資金で有利子負債の圧縮等財務体質を改善している状況。

c）営業活動による資金不足分を、事業ポートフォリオの最適化や低稼働の固定資産の処分等で補い、余った資金を有利子負債の圧縮等、財務体質の改善に当てている状況。

d）過去の剰余金を取り崩し、有利子負債等を圧縮しつつも、営業活動を立て直すべく新規投資を行っており、危険な状態に陥っている状況。

解答・解説編

Chapter 1 売掛債権管理

問 1 - 1　解答：d

売掛債権の管理実務に関する理解度を問う問題である。

> ①　新規に取引先が発生した場合は、　A　を設定し、契約に際してはそれを超えないよう営業部門に注意を促すことが必要である。

新規に取引先が発生した場合は取引先の業界情報、格付データ、財務情報に基づく分析、信用機関による評価等を判断材料にして、与信限度額を設定する。与信限度額とは、取引先に対して売上債権を許容する最高限度額のことで

【与信管理】

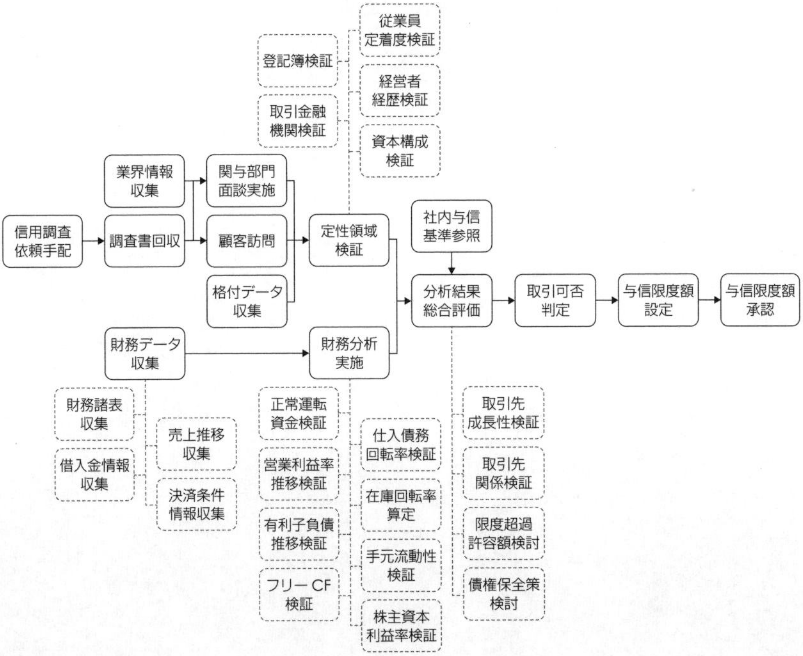

ある。

新規取引先に対し、恣意的に与信限度額が設定されたりするリスクを防ぐため、与信を設定する部門とは異なる管理部門（経理部門等）の担当者が、社内で規定されている与信基準に則って与信限度額が設定・見直しされていることを確認することが大事である。

よって、Aには与信限度額が入る。

> ②　請求手続きに関して、［　B　］と請求書発行管理簿を突合し、請求書の発行に漏れがないことを確認する。

請求手続きに関しては、顧客別管理台帳と請求書発行管理簿を突合し、請求書の発行に漏れがないことを確認することが大切である。

また、請求書の改ざん防止や誤謬発見のため、販売・回収・出荷等の担当者が請求書の発行手続きを行わないようにすることも大事である。請求書の発行時は、上司の承認を受けることで、統制が利く。

売掛金年齢表は、債権を発生日からの経過月数ごとにまとめたもので、長期未収入金や滞留債権の確認や管理、貸倒引当金の計上に役立つものである。

よって、Bには顧客別管理台帳が入る。

> ③　決済期日別に売掛金の残高が何カ月前から発生しているか調査することを［　C　］と呼ぶ。

債権残高が発生から何カ月経過しているのかを明らかにしたものを年齢調べという。エイジングテストとも呼ぶ。回収の遅延など債権の残高管理に役立つものである。

よって、Cには年齢調べが入る。

> ④　社内で定める一定額以上の［　D　］については、営業部門とは異なる管理部門等がその原因を確認し、営業部門における回収進捗を管理・監督する。

返済期日が到来しても回収されないなど、通常の正常営業循環過程から外れた債権を滞留債権という。滞留債権が発生した場合には、内部統制上、社内で定める一定額以上の滞留債権については、営業部門とは異なる管理部門等がその原因を確認し、営業部門における回収進捗を管理・監督することになる。

具体的には、原因を確認した上で、得意先の状況に合わせた対応策を検討することとなる。得意先への督促、内容証明等の活用、決済条件や取引量の見直し、最終的には取引の停止といったことを検討する。また、会計基準及び社内基準に従い、滞留債権への貸倒引当金の計上も検討する。

よって、D には滞留債権が入る。

【滞留債権対応】

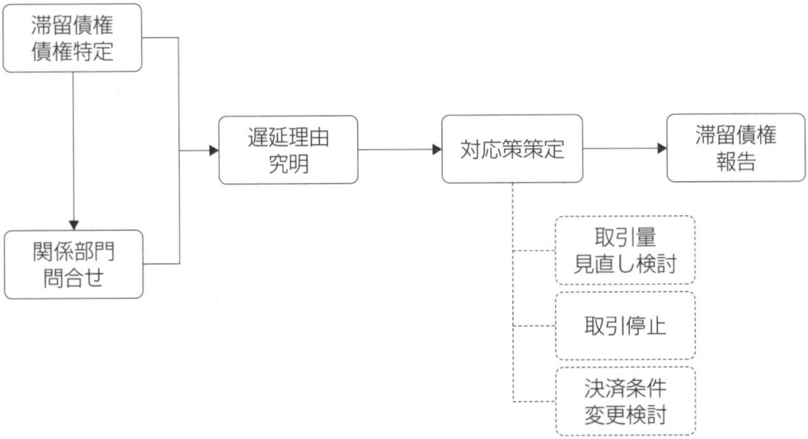

したがって、語句の組み合わせとして、最も適切なものは、d)となる。

問 1 - 2　解答：d

収益認識に関する会計基準の理解度を問う問題である。

収益認識に関する会計基準の基本となる原則は、約束した財又はサービスの顧客への移転を当該財又はサービスと交換に企業が権利を得ると見込む対価の額で描写するように、収益を認識することである。

この基本となる原則に従って収益を認識するために、次の 5 つのステップを適用する。

項目	内容
① 顧客との契約を識別する（A）	顧客と合意し、かつ、所定の要件を満たす契約に適用する。
② 契約における履行義務を識別する（B）	契約において顧客への移転を約束した財又はサービスが、所定の要件を満たす場合には別個のものであるとして、当該約束を履行義務として区分して識別する。
③ 取引価格を算定する（D）	変動対価又は現金以外の対価の存在を考慮し、金利相当分の影響及び顧客に支払われる対価について調整を行い、取引価格を算定する。
④ 契約における履行義務に取引価格を配分する（C）	契約において約束した別個の財又はサービスの独立販売価格の比率に基づき、それぞれの履行義務に取引価格を配分する。独立販売価格を直接観察できない場合には、独立販売価格を見積る。
⑤ 履行義務を充足した時に又は充足するにつれて収益を認識する（E）	約束した財又はサービスを顧客に移転することにより履行義務を充足した時に又は充足するにつれて、充足した履行義務に配分された額で収益を認識する。履行義務は、所定の要件を満たす場合には一定の期間にわたり充足され、所定の要件を満たさない場合には一時点で充足される。

したがって、適用順として適切なものは、d)となる。

問1-3　解答：d

収益認識に関する会計基準の理解度を仕訳から問う問題である。

① 小売業を営むA社は、消化仕入契約の対象商品Xを55,000円（税込）で顧客に現金で販売した。同時に、商品Xの仕入先B社との消化仕入契約に基づき買掛金を44,000円で計上した。

借方科目	金額	貸方科目	金額
現金預金	55,000	買掛金	44,000
仮払消費税	4,000	仮受消費税	5,000
		手数料収入	10,000

適切。

いわゆる消化仕入取引（百貨店などにみられる商慣行で、小売業者に陳列する商品の所有権を卸業者やメーカーに残しておき、小売業者で売上が計上されたと同時に、仕入が計上されるという取引形態）についての仕訳問題である。

顧客への財又はサービスの提供に他の当事者が関与している場合には、顧客との約束が当該財又はサービスを当該他の当事者によって提供されるように企業が手配する履行義務であると判断され、企業が代理人に該当するときには、手数料部分を純額で収益に計上するとされている。

本問は、A 社は代理人として、B 社により提供された商品を顧客に販売したことにより受け取った対価 55,000 円（税込）から B 社に支払う対価 44,000 円（税込）を控除した純額を収益として認識することになる。この結果、手数料収入は純額の 10,000 円（＝税抜 50,000 円－税抜 40,000 円）で計上される。なお、消費税法上は、総額ベースで課税売上げ、課税仕入れを認識する必要があるため、仮受消費税と仮払消費税が両建てで計上される。

よって、適切な仕訳である。

② C 社が取引先 D 社に製品 Y 及び製品 Z を合わせて 110,000 円（税込）で販売する契約を締結した。当該契約では、まず製品 Y を引渡し、製品 Y の引渡しに対する支払いは製品 Z の引渡しを条件とすると定められている。なお、製品 Y と製品 Z の独立販売価格は、各々 30,000 円、70,000 円である。

【製品 Y 引渡時の仕訳】

借方科目	金額	貸方科目	金額
契約資産	33,000	売上高 仮受消費税	30,000 3,000

適切。

履行により契約資産が認識される場合の仕訳問題である。

110,000 円（税込）の対価は、C 社が製品 Y と製品 Z の両方を D 社に移転した後にはじめて支払われる。すなわち、C 社は、製品 Y と製品 Z の両方が D 社に移転されるまで、対価に対する無条件の権利（顧客との契約から生じた債権）を有さない。

C 社は、製品 Y と製品 Z を移転する約束のそれぞれを履行義務として識別し、両者の独立販売価格に基づいて、製品 Y を移転する履行義務に 30,000 円、製品 Z を移転する履行義務に 70,000 円を配分する。

C 社は、製品に対する支配が D 社に移転する時に、それぞれの履行義務について収益を認識する。

よって、製品 Y の引渡時の仕訳としては適切である。

なお、製品 Z 引渡時の仕訳は下記のようになる。

借方科目	金額	貸方科目	金額
売　掛　金	110,000	契約資産 売　上　高 仮受消費税	33,000 70,000 7,000

③　E 社は、製品を 1 個 100 円（税抜）で販売する 80 件の契約を複数の顧客と締結し、製品に対する支配を顧客に移転した時に現金を受け取った。E 社の取引慣行では、顧客が未使用の製品を 30 日以内に返品する場合、全額返金に応じることとしている。E 社が権利を得ることとなる変動対価を見積るために、当該対価の額をより適切に予測できる方法として期待値による方法を使用することを決定し、製品 77 個が返品されないと見積った。

借方科目	金額	貸方科目	金額
現金預金	8,800	売　上　高 返金負債 仮受消費税	7,700 300 800

適切。

返品権付きの販売についての仕訳問題である。

返品権付きの商品又は製品(及び返金条件付きで提供される一部のサービス)を販売した場合は、下記の処理を行う。

・企業が権利を得ると見込む対価の額（返品されると見込まれる商品又は製品の対価を除く）で収益を認識する。

・返品されると見込まれる商品又は製品については、収益を認識せず、当該商品又は製品について受け取った又は受け取る対価の額で返金負債を認識する。

・返金負債の決済時に顧客から商品又は製品を回収する権利について資産を認識する。

本問は、返品されると見込む製品3個（＝80個－77個）については収益を認識せず、7,700円の収益を認識する(＝@100円×77個)。返品されると見込む製品3個について、300円（＝@100円×3個）の返金負債を認識することとなる。

よって、適切な仕訳である。

なお、製品の販売に係る原価の仕訳は下記のようになる。原価は1個60円である。

借方科目	金額	貸方科目	金額
売上原価	4,620	製品	4,800
返品資産	180		

この返品資産は、返金負債の決済時に顧客から製品を回収する権利である。

また、法人税においては、返金負債の認識はしない。すなわち、返品見込額を考慮せず、益金の額を算定する。

【法人税の仕訳】

借方科目	金額	貸方科目	金額
売掛金	8,800	売上高	8,000
売上原価	4,800	仮受消費税	800
		製品	4,800

この結果、会計と税務で処理が異なり、税効果会計への影響がある。すなわち、返金負債は将来減算一時差異として回収可能性を検討して繰延税金資産を計上することとなる。返品資産は将来加算一時差異として繰延税金負債を計上することとなる。

したがって、適切なものは①と②と③であり、d)となる。

問1-4　解答：d

貸倒引当金の理解度を問う問題である。

> ①　会計上、貸倒引当金の対象となる債権を個別評価金銭債権と一括評価金銭債権に区分して、貸倒引当金を見積ることとなる。

適切でない。

会計上は、原則、債権を3つに区分する。

区分	内容
一般債権	貸倒懸念債権及び破産更生債権等以外の債権をいう。
貸倒懸念債権	経営破綻の状態には至っていないが、債務の弁済に重大な問題が生じているか、又は生じる可能性が高い債務者に対する債権をいう。
破産更生債権等	経営破綻又は実質的に経営破綻に陥っている債務者に対する債権をいう。

個別評価金銭債権と一括評価金銭債権に区分するのは税務上の貸倒引当金の対象となる金銭債権である。混同しないように留意する。

> ②　会計上、貸倒引当金を設定する方法として、個別引当法と総括引当法がある。個別引当法は、期末の債権金額× 50%で求める。総括引当法は、期末の一括評価金銭債権の帳簿価額の合計額×貸倒実績率で求める。この貸倒実績率は、当期首前3年以内に開始した各事業年度の貸倒損失の合計額を当期首前3年以内に開始した各事業年度末の一括評価金銭債権の帳簿価額の合計額で除した率で求める。

適切でない。

会計上、貸倒引当金を設定する方法として次の2通りがある。

名称	内容
個別引当法	個々の債権ごとに見積る方法
総括引当法	債権をまとめて過去の貸倒実績率により見積る方法

本選択肢の個別引当法の記述は、税務上の個別評価金銭債権の繰入限度額の算出方法である。また、総括引当法の記述も税務上の一括評価金銭債権の繰入限度額の算出方法である。この記述が誤っている。税務上の個別評価金銭債権の繰入限度額は下記のように求める。

【税務上の個別評価金銭債権の繰入限度額】

区分	繰入限度額
長期棚上げ債権	期末の債権金額のうち、長期棚上げ等の事由が生じた事業年度の翌期首から5年以内に弁済されることとなっている金額以外の金額（担保等取立て等の見込があると認められる部分の金額を除く）
一部回収不能債権	期末の債権金額のうち、取立て等の見込のないと認められる部分の金額
形式基準該当債権	期末の債権金額（実質的に債権とみられない部分の金額及び担保等取立て等の見込みがあると認められる部分の金額を除く）×50%
外国公的不良債権	期末の債権金額（実質的に債権とみられない部分の金額及び担保等取立て等の見込があると認められる部分の金額を除く）×50%

また、会計上の貸倒実績率は、ある期における債権残高を分母として、翌期以降における貸倒損失額を分子として算定する。算定期間は、一般的には債権の平均回収期間が妥当とされている。なお、当期末に保有する債権について適用する貸倒実績率を算定するに当たっては、当期を最終年度とする算定期間を含むそれ以前の2年～3年の算定期間に係る貸倒実績率の平均値による。

③ 税務上、貸倒引当金の算定方法として、財務内容評価法がある。これは、債権額から担保の処分見積額及び保証による回収見込額等を減額した残高について、債務者の状況を考慮して、貸倒見積高を算定する方法のことである。債務者の支払能力を判断して必要額を貸倒見積高とすることになるが、残額の50%を引き当てる簡便法の採用もある。

適切でない。

税務上の貸倒引当金の算定方法の記述ではない。会計上の貸倒引当金の算定方法の記述となっている。

【会計上の貸倒引当金の算定方法】

区分	算定方法
一般債権	貸倒実績率法
貸倒懸念債権	財務内容評価法又はキャッシュ・フロー見積法
破産更生債権等	財務内容評価法

算定方法	内容
貸倒実績率法	債権について、債権全体又は同種・同類の債権ごとに過去の貸倒実績率等の合理的な基準により、貸倒見積高を算定する方法。 貸倒見積高＝貸借対照表価額×貸倒実績率等
財務内容評価法	債権額から担保の処分見積額及び保証による回収見込額等を減額した残高について、債務者の状況を考慮して、貸倒見積高を算定する方法。破産更生債権等については、回収見込額を減額した残高の全額が貸倒見積高となる。一方、貸倒懸念債権は、債務者の支払能力を判断して必要額を貸倒見積高とすることになるが、残額の50%を引き当てる簡便法の採用も考えられる。
キャッシュ・フロー見積法	債権の元本及び利息について元本の回収及び利息の受取が見込まれる時から当期末までの期間にわたり、当初の約定利子率で割り引いた金額の総額と債権の帳簿価額との差額を貸倒見積高とする方法。

④　税務上、中小法人（期末資本金額が1億円以下の普通法人で、資本金が5億円以上の大法人又は相互会社の100%子会社でないもの）であれば所得の多寡にかかわらず、貸倒引当金の繰入限度額の計算にあっては、法定繰入率による計算も認められている。

適切でない。

下記の各法人については、税務上の一括評価金銭債権に係る貸倒引当金の繰入限度額の計算に当たり、法定繰入率による計算も認められている。

【対象となる法人】

・中小法人

・公益法人等又は協同組合等

・人格のない社団等

なお、中小法人とは普通法人のうち、各事業年度終了の時において資本金の額もしくは出資金の額が1億円以下であるもの又は資本もしくは出資を有しないもので、各事業年度終了の時において、大法人（資本金の額又は出資金の額が5億円以上の法人等）との間にその大法人による完全支配関係がある普通法人等に該当するものを除いたものをいう。

ただし、中小法人のうち、その事業年度開始の日前3年以内に終了した各事業年度の所得金額の年平均額が15億円を超える法人等に該当するものは適用除外となる。

よって、所得金額によっては法定繰入率の適用除外となる中小法人もあり、適切でない記述である。

したがって、適切でない記述は4つであり、d)となる。

Chapter 2 買掛債務管理

問2-1　解答：b

仕入計上基準に関する知識を確認する問題。

> ①　入荷基準とは、商品や原材料が自社に到着した時点で引渡しを受けたものと考え、仕入（買掛金）を計上する方法であり、買掛債務の計上のタイミングとしては最も確実性が高い。

適切でない。

入荷基準とは、仕入先から商品、製品、原材料等が自社の倉庫、工場、店舗等に納品された時点（検収前）で仕入を計上する基準をいい、納品基準ともいう。

納品後の検収作業によって不良品や数量不足が発見された場合には、仕入高を修正する会計処理を行う必要がある。「買掛債務の計上のタイミングとして最も確実性が高い」のは検収基準に当てはまる内容であり、入荷基準の説明としては適切ではない。

> ②　検収基準とは、入荷した商品や原材料を検品し、品質や数量に問題がないことをチェックし、検収した時点でその引渡しを受けたものと考え、仕入を計上する方法である。

適切。

検収基準とは、入荷した商品の数量、品質等を点検し、不良品は返品、数量不足は値引き処理をした上で仕入（買掛金）を計上する基準をいう。返品や値引き等の実施後に買掛金計上を行うため、仕入債務の計上としては他の基準よりも確実性が高く、最も一般的な方法である。

③　仕入計上基準は、原則として毎期継続して適用しなければならない。

適切。

仕入計上基準とは、仕入の発生＝仕入計上のタイミングをいつにするのかというルールのことである。会社は、仕入計上基準として認められた複数の方法の中から合理的なものを選択することができるが、一度選択したら変更すべき合理的な理由がない限り、原則として毎期継続して適用する必要がある。

したがって、適切な記述は②と③の２つである。

問２－２　解答：c

仕入先別債務残高管理に関する知識を確認する問題。

a）仕入先別元帳とは、仕入先ごとの買掛金発生と支払いの明細を記録した補助元帳であり、仕入先別の買掛金残高を明らかにするために作成する。

適切。

仕入先別元帳とは、仕入先ごとに買掛金の発生と支払いを記録した補助元帳である。仕入先別に記録を行うことにより、支払いの遅延、二重支払、取消等のトラブルが生じないように管理するために作成する。

b）仕入先別元帳の合計額は、総勘定元帳の買掛金残高と一致する。

適切。

仕入先別元帳の合計額は、総勘定元帳の買掛金残高と一致しているはずであり、この確認は定期的に行う必要がある。

c）仕入先別元帳がマイナス残高（いわゆる赤残）になっている場合、支払先への支払い漏れの可能性がある。

適切でない。

仕入先別元帳がマイナス残高（いわゆる赤残）になっている場合、次に挙げるような可能性がある。

① 買掛金の発生の記帳が漏れている　→誤って他の仕入先の買掛金として計上している可能性

② 買掛金の消込みの金額が大きすぎる　→誤って請求額よりも多く支払いすぎている可能性もしくは誤って他の仕入れ先の買掛金の消込みをしてしまった可能性

支払い漏れの場合は、仕入先別元帳はプラス残高になるので、誤りである。

d） 仕入先が少数の場合でも、仕入先別元帳を作成する必要がある。

適切。

仕入先が少数であっても、適切・効率的な買掛金管理のために仕入先別元帳を作成するべきである。

Chapter 3 在庫管理

問 3 - 1　解答： c

在庫の残高管理の理解度を問う問題である。

①：実地棚卸の適正な進め方に関する問題である。

棚卸の実施を適正に進めるためには、棚卸方法を具体的に定め、スケジュールや商品等の配置図を作成するとともに、必要となる帳票類の作成、実施報告、差異発生時の処理方法などを具体的に定めた実施要領の作成といった事前準備を行い、関係者に周知徹底しなければならない。

よって、a)、b)、c)が適切な記述である。

なお、d)は実地棚卸に限らず業務上当てはまる内容であるため、適切な記述からは除外した。

②：実地棚卸の結果、現物棚卸資産と帳簿棚卸資産の差額の発生として考えられる原因に関する問題である。

現物棚卸資産側で考えられる差額の原因としては、下記のような理由が考えられる。

・不注意による現品誤カウント
・たな札集計ミス
・現品カードの受入・払出しの計算ミス
・保管中の破損・紛失、目減り、盗難
・他の製品の転用　　　など

よって、a)、b)、c)が適切な記述である。

なお、d)も盗まれるという点ではc)と同様であり、差額の発生原因と考えられる。ただ、帳簿もあわせていじられる可能性もあり、現物と帳簿の差額が発生しないケースもあり得る。そのようなケースも想定し、適切な記述からは除外した。

③：引続き、実地棚卸の結果、現物棚卸資産と帳簿棚卸資産の差額の発生として考えられる原因に関する問題である。

こちらは、帳簿棚卸資産側で考えられる差額の原因について列挙しており、下記のような理由が考えられる。

・入出庫伝票の記入誤り（二重記入、数字の誤りなど）

・入出庫伝票の紛失

・売上、移管処理漏れ

・見本、処分報告漏れ

・帳簿集計ミス　　　など

よって、b)、c)が適切な記述である。

なお、a)は数量面の話ではなく単価面の話であるため、適切な記述から除外した。d)はいわゆる裏帳簿（又は表帳簿）とは差額が発生しないことになるため、適切な記述からは除外した。

④：実地棚卸の結果、差額が発生した場合の対応に関する問題である。

定期的に、在庫の実地棚卸を行い、実際に保管されている在庫の数量と帳簿残高を照合し、差額がある場合にはその差異の原因を究明することになる。最終的には実地棚卸高に修正をすることとなる。

また、継続記録法によった場合で、帳簿記録よりも実施棚卸の方が少なく、その原因がどうしてもつかめなかったときは、実地棚卸高に合わせて資産計上し、差額部分は「棚卸減耗損」として処理する。

よって、a)、c)が適切な記述である。

なお、b)は実地棚卸高ではなく帳簿残高に合わせるとしているため、適切な記述から除外した。d)は実地棚卸が実地棚卸方法の定めに沿って行われていなかったり、杜撰だったり、状況によっては実地棚卸をやり直すこともある。取るべき対応としてはあり得るので適切な記述とも言える。ただ、実地棚卸のやり直しにはコストと時間がかかり、通常の対応方法とは言い難いので、適切な記述からは除外した。

したがって、空欄内に入る語句の組み合わせとして、最も適切なものはc)となる。

問 3 - 2　解答：b

棚卸資産の取得価額の理解度を問う問題である。

> ①　仕入先から商品 A を 10,000 円で仕入れた。その際、引取運賃として 100 円、運送保険料として 50 円支払った。税務上、購入付随費用が購入代価の概ね 3%以内の金額である場合には、その取得価額に算入しないことができるものとするいわゆる「3%基準」にそって、取得価額を 10,000 円で処理した。

適切でない。

購入した棚卸資産の取得価額には、その購入の代価のほか付随費用等も含まれるが、以下の費用については、これらの費用の額の合計額が少額（当該購入代価の概ね 3%以内の金額）である場合には、その取得価額に算入しないことができるものとされている（いわゆる「3%基準」と呼ばれている）。

・買入事務、検収、整理、選別、手入れ等に要した費用
・販売所等から他の販売所等へ移管するために要した運賃、荷造費
・特定時期に販売するなどのため、長期にわたっての保管をするための保管料

購入代価の概ね 3%以内の少額の付随費用であればすべて取得価額に算入しないことができるわけでなく、経費処理が認められる付随費用は、棚卸資産の取得後に生じたものに限定されている。商品を購入する際にかかった引取運賃や運送保険料、検査料、荷役費、購入手数料、関税などの費用は、金額の大小に関係なく、棚卸資産の取得価額に含める必要がある。

よって、引取運賃や運送保険料を取得価額に含めていないため適切でない。

> ②　不動産販売業を営む甲社は、販売用不動産として土地を 2 億円で仕入れた。その際、仲介手数料として 6 百万円、不動産取得税 4 百万円、登録免許税 2 百万円、所有権移転登記時に要した司法書士報酬 5 万円を支払った。司法書士報酬 5 万円を「支払手数料」で処理し、他は「棚卸資産」として処理した。

適切。

他から購入した棚卸資産の取得価額に関する記述である。

次の費用はたとえ棚卸資産の取得又は保有に関連して支出するものであっても、その取得価額に算入しないことができるとされている。

・不動産取得税の額

・地価税の額

・固定資産税及び都市計画税の額

・特別土地保有税の額

・登録免許税その他登記又は登録のために要する費用の額

・借入金の利子の額

これらの費用は法人の任意で、棚卸資産に含めてもよいし、経費処理してもよい。

よって、登記又は登録のために要する費用としての司法書士報酬を経費処理し、それ以外の項目を棚卸資産に含めて処理しても問題ない。また、仲介手数料は購入に要したものとして棚卸資産に含めて処理する。

③ 乙社は、販売用船舶の製造にかかるものとして、原材料を購入するための借入金の利子3百万円を取得価額に含めた。また、製造経費のうち交際費1百万円は損金不算入になるものとして取得価額に含めず処理した。

適切でない。

自己の製造等にかかる棚卸資産の取得価額に関する記述である。

次のような費用は取得価額に算入しないことができる。

・使用人等に支給した賞与のうち、特別に支給された賞与であることが明らかなものの額

・試験研究のうち、基礎研究及び応用研究の費用の額並びに工業化研究に該当することが明らかでないものの費用の額

・事業税及び特別法人事業税の額

・事業の閉鎖、事業規模の縮小等のため大量に整理した使用人分の退職給与の額

・生産を相当期間にわたり休止した場合のその休止期間の費用の額

・工場等が支払った寄付金の額

・借入金の利子の額　　　　　　　等

また、次のような費用については、これらの費用の額の合計額が少額（その棚卸資産の製造原価の概ね3%以内の金額）である場合には、その取得価額に算入しないことができるものとされている。

・製造等の後において要した検査、査定、整理、選別、手入れ等の費用

・製造所等から販売所へ移管するために要した運賃、荷造費等の費用

・特定時期に販売するなどのため、長期にわたって保管するための保管料

これらの費用の額の合計額が少額かどうかについては、事業年度ごとに、かつ、種類等ごとに判定することができる。

前段の借入金の利子を取得価額に含める処理をしたとしても問題はない。

後段の交際費については、損金不算入されるものとはいえ、棚卸資産の製造等のために要した支出であるため取得価額に含める必要がある。

④　期末日近くに会社案内のパンフレット300,000部を@ 22円（税込）で作製した。作製しすぎたため保管料が別途550,000円（税込）発生した。購入時、次の仕訳で計上した。

借方科目	金額	貸方科目	金額
貯蔵品	6,000,000	普通預金	6,600,000
仮払消費税	600,000		
保管料	500,000	未払金	550,000
仮払消費税	50,000		

適切。

他から購入した棚卸資産の取得価額に関する記述である。

切手や収入印紙、チラシなど費用処理されるものであっても期末時に未使用なものがあれば「貯蔵品」として処理する。この貯蔵品も棚卸資産に含まれる。

なお、会計処理としては次の2パターンある。

・購入時に貯蔵品として計上し、使用に応じて費用科目に振替える。

・購入時に費用科目を計上し、期末日に未使用分を貯蔵品勘定に振替える。

本選択肢は、前者を採用している。

他から購入した棚卸資産の取得価額は、次に掲げる金額の合計額とされている。

・購入代価

・その資産の引取りに要した費用（引取運賃、荷役費、運送保険料、購入手数料、関税等）

・その資産の取得の際に要した付随費用（買入事務費、検収手数料等）

・いったん引き取った棚卸資産を自己の他の販売場に販売のため移管する際に要する運賃、荷役費、運送保険料等でその資産を消費し又は販売の用に供するために直接要した費用の額

・特別の時期に販売又は消費するために、販売等の用に供する日までの期間倉庫に保管する場合に要する保管費用、倉庫の減価償却費、人件費等の額

取得価額に含めなければならないのは、特別の時期に販売するための長期にわたる保管料であり（ただし、取得価額に算入しないことができるものとされている①に記載のいわゆる「3%基準」の適用はある）、通常の棚卸資産を保管するために要した費用は、その取得価額に算入しないことができる。

よって、適切である。

したがって、適切な記述は２つであり、b)となる。

解答・解説編

問３－３　解答：ｃ

棚卸資産の評価方法に関する問題である。

会計上、棚卸資産の評価方法は実際原価をベースとした次の種類がある。

個別法	取得原価の異なる棚卸資産を区別して記録し、その個々の実際原価によって期末棚卸資産の価額を算定する方法。
先入先出法	先に取得されたものから順次払出しが行われ、期末棚卸資産は最も新しく取得されたものからなるとみなして期末棚卸資産の価額を算定する方法。

移動平均法	棚卸資産の受入の都度、数量及び金額をすでに在庫中の棚卸資産及び金額に加え、その合計額を合計数量で除して新しい平均単価を算定し、期末棚卸資産の価額を算定する方法。
総平均法	期首の数量及び金額に一定期間の数量及び金額を加え、その合計額を合計数量で除して平均単価を算定し、期末棚卸資産の価額を算定する方法。移動平均法と基本的には同じ考えだが、1カ月単位のように一定期間で計算する点が異なる。
売価還元法	棚卸資産を適当なグループにまとめ、グループに属する期末棚卸高の売価合計額に原価率を乗じて求めた金額を期末棚卸資産の価額とする方法。

このうちの移動平均法によって計算した売上原価を求める問題である。

各選択肢の売上原価は、次の評価方法に基づいた計算結果である。

a）先入先出法によって計算した売上原価である。

売上原価：30個×@100円+40個×@120円＝7,800円

b）総平均法よって計算した売上原価である。

売上原価：14,400円÷120個＝@120円

70個×@120円＝8,400円

c）移動平均法によって計算した売上原価である。

・4/12 払出単価：(3,000円+6,000円)÷80個＝@112.5円

売上原価：20個×@112.5円=2,250円

・4/25 払出単価：(60個×@112.5円+5,400円)÷100個＝@121.5円

売上原価：50個×@121.5円＝6,075円

・売上原価合計 ：2,250円+6,075円＝8,325円

d）最終仕入原価法よって計算した売上原価である。

最終仕入原価法とは、事業年度の最終に仕入れた単価をもって期末棚卸資産を評価する方法。棚卸資産評価会計基準では認められていないが、中小企業会計指針では、期間損益の計算上著しい弊害がない場合には認められている。中小会計要領では容認されている。

在庫金額：50個×@135円＝6,750円

売上原価：14,400円－6,750円＝7,650円

したがって、移動平均法によって計算した売上原価として適切なものはc)となる。

なお、移動平均法と総平均法を合わせて平均原価法とも呼ぶが、その計算結果は異なるため、注意する必要がある。

Chapter 4 固定資産管理

問 4 - 1　解答： b

減価償却方法を正しく理解しているか具体的な計算を通じて確認する問題。

> 備品 A
> （取得時期）当期中の 10 月 1 日に新品で取得し、同日に使用開始
> （取得価額）1,000,000 円
> （耐用年数）5 年（定額法償却率 0.200、定率法償却率 0.400）

・備品 A の当期の減価償却費

備品 A は当期中に取得しているので、事業に供した月から月割計算により減価償却費を計算する。備品は税法上、定額法も定率法も認められるので、問題の指示にしたがい、ここでは定率法で計算する。

1,000,000×0.400（定率法償却率）×（6 カ月 /12 カ月）＝ 200,000 円

・備品 A の翌期の減価償却費

翌期首の備品 A の帳簿価額は 1,000,000－200,000（初年度の減価償却費）＝800,000 円

翌期の減価償却費は 800,000（期首帳簿価額）×0.400（定率法償却率）＝320,000 円

> 建物附属設備 B
> （取得時期）前期（平成 28 年 4 月 1 日以後とする）に取得
> （取得価額）1,000,000 円
> （耐用年数）6 年（定額法償却率 0.167，定率法償却率 0.333）
> （期首帳簿価額）916,500 円

・建物附属設備 B の当期の減価償却費

建物附属設備（平成28年4月1日以後取得のもの）について税法上認められている償却方法は定額法である。

よって、建物附属設備Bの減価償却費は、以下のとおりである。

1,000,000×0.167(定額法償却率)＝167,000円

・建物附属設備Bの翌期の減価償却費

建物附属設備Bの償却方法は定額法であるので、翌期の減価償却費は当期と同額の167,000円となる。

したがって、正解はb)となる。

問4-2　解答：b

リース取引に関する知識を確認する問題。

> a) ファイナンス・リース取引とは、①解約不能と②フルペイアウトという2つの要件を満たすリース取引をいう。

正しい。

ファイナンス・リース取引とは、次の2つの要件を満たすリース取引をいう。

① 解約不能（ノンキャンセラブル）

リース期間の中途においてそのリース契約を解除することができないリース取引

② フルペイアウト

借手がそのリース物件からもたらされる経済的利益を実質的に享受し、かつリース物件の使用に伴って生じるコストを実質的に負担することになるリース取引

> b) 所有権移転ファイナンス・リース取引とは、ファイナンス・リース取引のうち、契約によりリース物件の所有権が借手に移転すると認められるリース取引をいい、借手は通常の売買取引に準じた会計処理を行う。ただし、少額リース資産及び短期のリース取引に関しては、賃貸借処理を行うことが認められる。

誤り。

所有権移転ファイナンス・リース取引とは、ファイナンス・リース取引のうち、契約によりリース物件の所有権が借手に移転すると認められるものをいい、通常の売買取引に準じた会計処理を行う。

次項の所有権移転外ファイナンス・リース取引は、少額リース資産及び短期のリース取引に関しては、簡便的な取扱いとして、オペレーティング・リース取引に準じて賃貸借処理を行うことができるが、所有権移転ファイナンス・リース取引は賃貸借処理は認められない。

c） 所有権移転外ファイナンス・リース取引とは、ファイナンス・リース取引のうち、所有権移転ファイナンス・リース取引以外のリース取引をいい、借手は原則として通常の売買取引に準じた会計処理を行う。

正しい。

所有権移転外ファイナンス・リース取引とは、ファイナンス・リース取引のうち、所有権移転ファイナンス・リース取引以外のリース取引をいい、原則として通常の売買取引に準じた会計処理を行う。ただし、次に掲げるような少額リース資産及び短期のリース取引に関しては、簡便的な取扱いとして、オペレーティング・リース取引に準じて賃貸借処理を行うことができる。

【賃貸借処理が認められる少額リース資産・短期のリース取引】

① 重要性が乏しい減価償却資産について購入時に費用処理する方法が採用されている場合で、リース料総額がその基準額以下である場合のリース取引
② リース期間が1年以内のリース取引
③ 企業の事業内容に照らして重要性に乏しいリース取引で、リース契約1件当たりのリース料総額が300万円以下のリース取引

d） オペレーティング・リース取引とは、ファイナンス・リース取引以外のリース取引をいい、借手は賃貸借取引に準じた会計処理を行う。

正しい。

オペレーティング・リース取引とは、ファイナンス・リース取引以外のリー

ス取引をいい、借手は賃貸借取引に準じた会計処理を行う。オペレーティング・リースの対象資産は実質的に貸手の資産であり、借手は貸借対照表上、資産計上しない。

なお、IFRSでは原則として上記の処理は認められず、借手はオペレーティング・リースもファイナンス・リースと区別せず、リースに係る使用権資産とリース負債を貸借対照表に計上する処理（オンバランス）をしなければならない。

問4-3　解答：a

固定資産の有姿除却に係る会計処理を問う問題である。

有姿除却とは、固定資産について実際に廃棄等を行っていない場合であっても、その資産の帳簿価額からその処分見込価額（除却した際に生じる廃材・スクラップが売却可能な場合）を控除した金額を固定資産除却損として計上することをいう。

税務上は、例えば以下の固定資産のような場合にその除却損を損金の額に算入することができることとされている。

・使用を廃止し、今後通常の方法により事業の用に供する可能性がないと認められる固定資産

・特定の製品の生産のために専用されていた金型等で、当該製品の生産を中止したことにより将来使用される可能性のほとんどないことがその後の状況等からみて明らかなもの

機械の取得価額　3,000,000円
期首減価償却累計額　1,800,000円
当期首から除却時までの減価償却費　450,000円
廃材・スクラップとしての処分価額の見積額　230,000円

仕訳は以下のとおりである。よって、正解はa)。

（減価償却の処理方法が直接控除法の場合）

借方科目	金額	貸方科目	金額
減価償却費 貯蔵品 固定資産除却損	450,000 230,000 520,000	機械装置	1,200,000

（減価償却の処理方法が間接控除法の場合）

借方科目	金額	貸方科目	金額
減価償却累計額 減価償却費 貯蔵品 固定資産除却損	1,800,000 450,000 230,000 520,000	機械装置	3,000,000

なお、税法上は当期分の減価償却費を計上せず、期首帳簿価額をもって固定資産除却損として計上することも認められるが、この処理は、会計上は必ずしも適切とはいえない。

問 4 - 4　解答：c

固定資産の減損に係る会計処理を問う問題である。

建物の取得価額　7,000 万円
期首減価償却累計額　2,300 万円
割引前将来キャッシュ・フロー　4,000 万円
正味売却価額　3,800 万円
使用価値　3,700 万円

会社が所有している固定資産の収益性が低下し、投資額の回収が見込めなくなった場合には、減損会計基準に基づき、回収可能性を反映させるため簿価を回収可能価額まで減額し、その減額した金額を減損損失として当期の損失に計上する。

減損処理は以下の手順にしたがって行われる。

① 資産のグルーピング

資産を他の資産・資産グループのキャッシュ・フローから概ね独立したキャッシュ・フローを生み出す最小の単位でグルーピングする。

② 減損の兆候の把握

資産・資産グループが使用されている営業活動から生ずる損益、キャッシュ・フローが継続してマイナスとなっている等の減損の兆候があるかどうかを判定する。

③ 減損損失の認識

資産・資産グループから得られる割引前将来キャッシュ・フローの総額が帳簿価額を下回る場合には、減損損失を認識すべきであると判定される。

④ 減損損失の測定

帳簿価額を回収可能価額まで減額し、減額した額を当期の減損損失として計上する。

本問では、減損の兆候が認められるとのことであるので、まずは減損損失を認識すべきかどうかを検討し（以下の（i））、次に回収可能価額を求め、減損損失を計上する（以下の（ii））。

（i） 割引前将来キャッシュ・フロー 4,000 万円＜建物の帳簿価額 4,700 万円（＝取得価額 7,000 万円－減価償却累計額 2,300 万円）

→減損損失を認識しなければならない。

（ii） 回収可能価額＝ 3,800 万円（正味売却価額 3,800 万円と使用価値 3,700 万円のいずれか高い方）

→減損損失＝帳簿価額 4,700 万円－回収可能価額 3,800 万円＝ 900 万円

よって、正解は c)。

なお、仕訳は以下のとおりである。

借方科目	金額	貸方科目	金額
減損損失	9,000,000	建物(※)	9,000,000

※独立間接控除方式の場合は「減損損失累計額」

問 4 - 5　解答：b

固定資産の取得原価を計算する問題。実務上よく出てくる自動車の取得原価について出題した。

固定資産を購入した場合、その取得原価は、その資産の購入代価に、購入のために要した費用(引取運賃、荷役費、運送保険料、購入手数料、関税等)、事業の用に供するために直接要した据付費や試運転費等の費用を加算した金額となる。

また、税務上は、固定資産の取得に関連して支出するものであっても、たとえば自動車重量税、不動産取得税、登録免許税その他登記・登録に要する費用、固定資産を取得するために借り入れた借入金の利子等は固定資産の取得原価に算入せず、損金算入することができるとされている。このため、実務上は、これらの支出は取得原価に含めないことが多い。

項　目	金額（円）	取得原価に含めなければならないもの	取得原価に含めなくてもよい租税公課等	取得原価に含めないもの	説　明
車両本体価格	2,000,000	○			
カーナビ（オプション）	200,000	○			車両の一部として取得原価算入
自動車重量税	30,000		○		自動車取得に係る租税公課
自賠責保険料	20,000			○	事後的な費用（保険料）
検査登録法定費用	2,000		○		登録費用（支払手数料）
車庫証明法定費用	3,000		○		登録費用（支払手数料）
リサイクル料	20,000			○	廃車時に費用処理（預託金）
車庫証明手続代行手数料	20,000		○		登録費用（支払手数料）
検査登録手続代行手数料	80,000		○		登録費用（支払手数料）
納車費用	27,500	○			付随費用として取得原価に算入

本問の仕訳は、以下の通りとなる。よって正解はb)の2,227,500円。

なお、本問は消費税を考慮していないが、消費税を考慮した場合、税込方式を採用している会社は、税込みの金額で計上し、税抜き方式を採用している会社は、税抜きの金額で計上することになる。

借方科目	金額	貸方科目	金額
車両運搬具	2,227,500	普通預金	2,402,500
預託金	20,000		
租税公課	30,000		
保険料	20,000		
支払手数料	105,000		

Chapter 5 ソフトウェア管理

問5-1 解答：b

ソフトウェアの減価償却に関する知識を問う問題である。

a)、b)は市場販売目的のソフトウェア、c)、d)は自社利用目的のソフトウェアについて問うたものである。また、a)、c)は企業会計上の取扱い、b)、d)は税務上の取扱いについて問うたものである。

> a) 市場販売目的のソフトウェアの減価償却費は、見込販売数量又は見込販売収益に基づく償却額と販売可能な見積残存期間（原則3年以内）に基づく均等配分額のうちいずれか大きい額である。

正しい。

市場販売目的のソフトウェアとは、不特定多数のユーザーに販売することを目的として制作されたソフトウェアをいう。市場販売目的のソフトウェアは、不特定多数のユーザーに販売する製品の複写元である。

市場販売目的のソフトウェアの減価償却費は、見込販売数量又は見込販売収益に基づく償却額と販売可能な見積残存期間（原則3年以内）に基づく均等配分額のうち、いずれか大きい額である。また、当初における販売可能な有効期間の見積りは原則3年以内とされ、3年を超える場合は合理的な根拠が必要とされている。

市場販売目的のソフトウェアの各年度の減価償却費
＝次の①又は②のいずれか大きい方の額

$$①＝ソフトウェアの未償却残高\times\frac{各年度実績販売数量(収益)}{各年度実績販売数量(収益)+各年度末見込販売数量(収益)}$$

②＝ソフトウェアの未償却残高÷残存見込有効期間

b) 市場販売目的のソフトウェアの税務上の償却限度額は、残存価額ゼロ、耐用年数５年で定額法により計算した金額である。

誤り。

市場販売目的のソフトウェアは、税務上は無形減価償却資産のうち、複写して販売するための原本に該当し、税務上の償却限度額は、残存価額をゼロとして耐用年数３年・定額法により計算した金額となる。

c) 自社利用目的のソフトウェアの減価償却費は、利用可能な期間として見込まれる年数（原則５年以内）に基づき定額法で計算される。

正しい。

自社利用目的のソフトウェアとは、将来の収益獲得又は費用削減が確実であると認められるソフトウェアで、自社で利用することを目的とするものをいう。自社利用目的のソフトウェアは、将来の収益との対応等の観点から、その取得に要した費用をソフトウェア等の科目で無形固定資産として計上し、その利用期間にわたり償却を行う。

自社利用目的のソフトウェアの減価償却費は、そのソフトウェアの利用可能期間（合理的な根拠がある場合を除き、原則として５年以内）にわたって定額法により計算する。

d) 自社利用目的のソフトウェアの税務上の償却限度額は、残存価額ゼロ、耐用年数５年で定額法により計算した金額である。

正しい。

自社利用目的のソフトウェアの税務上の償却限度額は、残存価額ゼロ、耐用年数５年で定額法により計算した金額である。

なお、会計上の減価償却費が税務上の償却限度額を超える場合（会計上の耐用年数が５年未満の場合）は、申告調整をすることが必要となる。

問5-2　解答：d

市場販売目的のソフトウェアと自社利用目的のソフトウェアについて、企業会計と税務の両面から除却に関する知識を問う問題。

> a）市場販売目的のソフトウェアの企業会計上の除却の要件は、新しいバージョンの製品の販売に伴い古いバージョンの製品の販売を中止したことである。

適切。

ソフトウェアの除却は、有形の固定資産の場合と異なり、除却の実態を捉えにくいという特徴がある。

市場販売目的のソフトウェアの場合、会計上は、新しいバージョンの製品の販売に伴い古いバージョンの製品の販売を中止した場合には、除却することが必要となる。

> b）自社利用目的のソフトウェアの企業会計上の除却の要件は、使用する見込みがなくなったことである。

適切。

自社利用目的のソフトウェアは、会計上は、たとえ利用期間の中途であっても、それを使用する見込がなくなった場合には、除却することが必要となる。

> c）市場販売目的のソフトウェアの税務上の除却の要件は、新製品の出現、バージョンアップ等により、今後、販売を行わないことが社内稟議書、販売流通業者等への通知文書等で明らかであることである。

適切。

ソフトウェアの場合、通常は物理的な除却、廃棄、消滅を証明することが難しいことから、税務上、除却が認められるためには、そのソフトウェアを今後事業の用に供しないということが分かる客観的な事実が必要とされる。

税務上、市場販売目的のソフトウェアの除却が認められるためには、たとえば新製品の出現、バージョンアップ等により、販売を行わないことが社内稟議書、販売流通業者等への通知文書等で明らかであることが必要である。

> d）自社利用目的のソフトウェアの税務上の除却の要件は、そのソフトウェアを実際に使用しなくなったことである。

適切でない。

税務上、自社利用目的のソフトウェアの除却が認められるためには、そのソフトウェアを実際に使用しなくなっただけでは足らず、次に掲げる場合のようにそのソフトウェアを今後事業の用に供しないことが明らかであることが分かる事実が必要である。

① そのソフトウェアによるデータ処理の対象となる業務が廃止され、そのソフトウェアを利用しなくなったことが明らかな場合

② ハードウェアやオペレーティングシステムの変更等によって他のソフトウェアを利用することになり、従来のソフトウェアを利用しなくなったことが明らかである場合

問5-3　解答：b

受注制作（目的）のソフトウェアの会計処理に関する知識を問う問題。近年、新しい会計基準の導入があったことから出題した。

> a）受注制作のソフトウェアとは、特定のユーザーからの発注に基づき、特定の仕様で制作して販売するソフトウェアをいう。

適切。

問題文に記載のとおりである。

> b）受注制作のソフトウェアに係る収益は、「工事契約に関する会計基準」に従って請負工事の会計処理に準じて会計処理を行う。

適切でない。

従来、受注制作のソフトウェアに係る収益は、「工事契約に関する会計基準」

に従って請負工事の会計処理に準じて会計処理を行うこととされていたが、2021年4月以後開始事業年度から「工事契約に関する会計基準」は廃止され、「収益認識に関する会計基準」の適用を受けることになった。

よって、本肢は「『工事契約に関する会計基準』に従って」の部分が誤っている。

> c) 受注制作のソフトウェアの制作が一定の期間にわたり充足される履行義務であると判断される場合であっても、契約における取引開始日から履行義務の充足までの期間がごく短いと見込まれる場合には、一定の期間にわたって収益を認識するのではなく、完全に履行義務を充足した時点で収益を認識することができる。

適切。

収益認識に関する会計基準のもとでは、受注制作のソフトウェアに係る収益は、ソフトウェアの制作に係る履行義務が一定の期間にわたり充足されるものなのか、または一時点のものなのかを判定し、前者の場合は履行義務の充足に係る進捗度を見積り、その進捗度に基づき一定の期間にわたり収益を認識し、後者の場合は資産に対する支配が顧客に移転したときに収益を認識する。前者は、従来の工事進行基準と同様の処理であり、後者は、従来の工事完成基準と同様の処理となる。

以上が原則的な処理であるが、代替的な処理として、一定の期間にわたり充足される履行義務であると判断される場合であっても、契約における取引開始日から完全に履行義務を充足すると見込まれる時点までの期間がごく短い場合には、一定の期間にわたり収益を認識せず、完全に履行義務を充足した時点で収益を認識（工事完成基準と同様の処理）することが認められる場合がある。この代替的な処理が認められるのは、次の要件を満たす場合に限られる。

① 顧客との個々の契約が当事者間で合意された取引の実態を反映する実質的な取引の単位であると認められること

② 顧客との個々の契約における財又はサービスの金額が合理的に定められていることにより、当該金額が独立販売価格と著しく異ならないと認め

られること

d） 制作途中の受注制作のソフトウェアの制作費は、仕掛品として資産計上する。

適切。

問題文に記載のとおりである。なお、この仕掛品は、収益認識に関する会計基準にしたがって収益が計上されるタイミングで売上原価に振り替えられることになる。すなわち、履行義務が一定の期間にわたり充足される場合は、収益の認識に応じて売上に対応する部分は仕掛品から売上原価に振り替え、履行義務が一時点で充足される場合は、完成引渡時点で売上原価に振り替える。

Chapter 6 原価管理

問 6 - 1 解答： b

原価計算の仕組みに関する理解度を問う問題である。

> ① 原価計算の目的としては、主に財務諸表作成目的と管理会計目的とがある。財務諸表作成目的とは、売上高に対応する売上原価又は製品原価の算出のためであり、管理会計目的とは、目標原価との差異分析をするにあたり比較される実績値を把握するために行われるものである。

適切。

原価計算は主にこの 2 つの目的を達成するために必要なプロセスである。

> ② 原価計算には、総合原価計算、個別原価計算、実際原価計算、標準原価計算、直接原価計算などがある。

適切。

原価計算はその目的や原価の捉え方などに応じていくつかの種類がある。

種類	内容
総合原価計算	同一種又は異種の製品を連続的に反復生産する大量生産形態に適用され、一定期間における生産量とその生産に要した製造原価から原価単位製品を算定する原価計算方法のこと。
個別原価計算	種類、規格、仕様等の異なる製品を受注し、注文別に生産する形態に適用される原価計算で、特定製造指図書を原価の集計単位とし、個別的に原価計算を行う方法のこと。
実際原価計算	製品の製造活動、販売活動などのために消費した実際原価を計算する方法のこと。 実際原価は原則として実際発生額だが、原価を構成する原価要素の消費量が実際消費量である限り、予定単価を用いていても実際原価として取り扱われる。

標準原価計算	各原価要素別に原価標準を設定し計算される原価計算方法のこと。
直接原価計算	製造原価、販売費及び一般管理費を変動費と固定費とに区分し、売上高から変動費を控除して限界利益を計算し、さらに固定費を控除して営業利益を計算する方法のこと。

③　実際原価の集計は、費目別、部門別、製品別の順にデータを集計して行われる。費目別計算は、材料費、労務費、経費の別に費用を集計し、各々、製造部門と補助部門に分けて計算を行う。部門別計算は、製造部門と補助部門に分けて集計した原価を責任区分別に管理するため直接費と間接費に分けて計算を行う。製品別計算は、直接費と間接費に分けて集計した原価を各製品別に按分計算して行うものである。

適切でない。

費目別、部門別、製品別の順にデータを集計して行われるが、各計算の説明が適切でない。

項目	内容
費目別計算	材料費、労務費、経費の別に費用を集計し、各々、直接費と間接費に分けて計算を行う。
部門別計算	費目別計算で集計された直接費は、各製品別に直課するが、直課できない間接費を各製造部門、補助部門へ配賦計算を行う。
製品別計算	部門別計算で製造部門費が計算された後、各製品別に配賦計算を行う。

計算の流れとしては次のようになる。

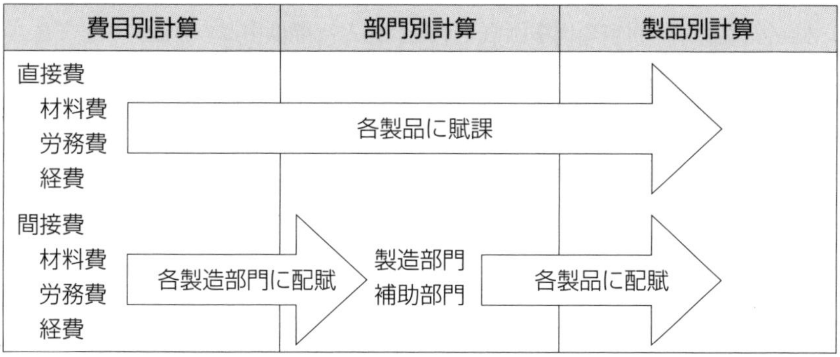

④　予定原価や標準原価など予め定められた指標と実際原価との差額を「原価差額」という。会計上は「原価差異」ともいう。
標準原価200万円、実際原価150万円の場合、50万円の不利差異が発生していることになる。不利差異の場合は、特に、どこで、なぜ発生したか、責任部門、責任者は誰かなどを把握し、その改善策を講じる必要がある。

適切でない。

不利差異ではなく、この場合、有利差異が発生している。

有利差異、不利差異どちらが発生しても、その差異がどのような理由で発生したかを検討する。非原価項目、異常項目の有無を確かめ、分析に当たっては、仕入先別、商製品別、担当者別、期間別などの様々な視点から分析単位を設定する。また、数量要因、価格要因に分けて分析するのも有効である。差異の内容によって、各部門、工場にフィードバックし、翌年度以降の予算策定や経営管理に役立てる。

したがって、適切な記述は2つであり、b)となる。

問6-2　解答：c

材料費差異分析についての理解度を問う問題である。

実際の消費単価ではなく、あらかじめ定められた消費単価である予定仕入単価を用いることで、材料費の管理が行える。

数量差異とは、材料の標準消費量や予定消費量と実際消費量との差分によって生じる差異のことである。

価格差異とは、材料の標準価格や予定価格と実際価格との差額によって生ずる差異のことである。

これらを図示すると次のようになる。

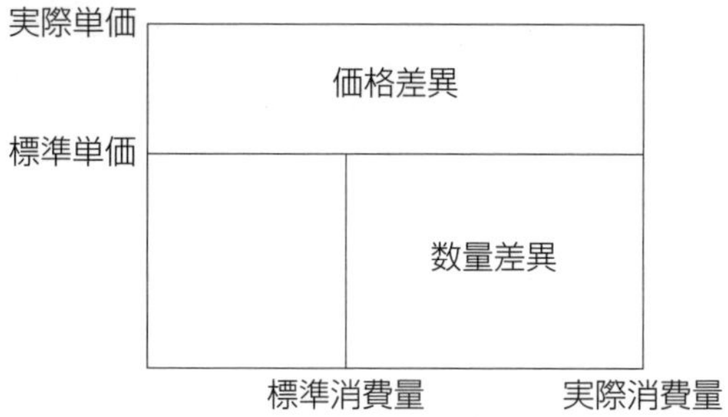

したがって、□内に入る語句としては、A：数量、B：価格、C：標準、D：実際となり、この組み合わせとして最も適切なものはc)となる。

問6－3　解答：d

原価計算の仕組みに関する応用問題である。

直接原価計算による損益計算書は、外部公表用のものとしては認められていない。管理会計目的として作成される。変動費と固定費に分けて作成することがポイントとなる。

変動費	操業度に応じて変動する費用のこと。例えば、売上高の増加に応じて、増加する費用のこと。材料費や運賃などが該当する。
固定費	操業度にかかわらず、一定額発生する費用のこと。賃金の基本給や減価償却費が該当する。

まずは、変動費を把握するため、与えられた算定データより販売数量を求める。

売上高 12,000 千円÷売価 @1,000 円＝販売数量 12 千個

次に、変動製造原価と変動販売費を求める。

製造原価：変動費率@ 525 円×販売数量 12 千個＝ 6,300 千円

販売費：変動費率@ 30 円×販売数量 12 千個＝ 360 千円

算出した変動費及び算定データの固定費より直接原価計算による損益計算書を作成すると次のようになる。

（単位：千円）

直接原価計算による損益計算書

Ⅰ.	売上高		12,000
Ⅱ.	変動売上原価		6,300
	変動製造マージン		5,700
Ⅲ.	変動販売費		360
	貢献利益		5,340
Ⅳ.	固定費		
	固定製造原価	2,700	
	固定販売費	750	
	固定一般管理費	1,090	4,540
	営業利益		800

なお、損益計算書の営業利益（売上総利益 3,000 千円－販売費及び一般管理費 2,200 千円＝ 800 千円）と同額になる。

したがって、貢献利益は 5,340 千円、営業利益は 800 千円となり、d)となる。

Chapter 7 経費管理

問7-1 解答：d

経費項目の業務プロセス及び内部統制の理解度を問う問題である。

> ① 経費管理として、予算に対してどのぐらいの経費が発生したのかを把握する必要がある。費目別経費の実績と予算を比較検証し、関係部門に問い合わせるなどして差異分析を行う。必要に応じて、予算の更正、調整を実施することで有効な経費管理が行える。

適切。

限られた資金を有効にかつ効率的に活用するため、予算を策定し、実績と対比し分析することは経費管理においては大事である。その結果、翌年度の予算策定にも活かすことができる。

> ② 大口の経費の申請があった場合は、予算に盛り込まれた経費であるかどうか予算データを確認したり、申請内容を関係部門に問い合わせたり、申請内容の検証を行う。あわせて、処理勘定科目の決定を行う。

適切。

大口の経費が発生する場合は、経営へのインパクトがあるため、日常の経費処理よりも注意を要する。処理勘定科目の決定など外部の専門家に相談することも有効である。

> ③ 給与関係の不正は、架空の受給者、既退職者の未抹消、合計金額の水増し等の方法で行われることが多い。この不正を防止するために、給与等の計算担当者と支払担当者を分離する必要がある。

適切。

給与等の計算担当者と支払担当者を分離することで牽制効果が働く。また、各担当者を定期的に変更することも大切である。

> ④　広告宣伝費は、支出の性格として費用対効果が分かりづらい側面があるため、事前に計画書を作成し、責任者の承認を得ておく必要がある。

適切。

広告宣伝費は得てして支出額が多額となる可能性がある。支出の効果を事前に検討するため、計画書を作成し、責任者の承認を得ておく必要がある。

したがって、適切な記述は①から④すべてとなり、d)となる。

問 7 - 2　解答：b

法人税法上の役員給与の理解度を問う問題である。

役員給与のうち退職給与以外のもので税務上損金算入できるものは下記となっている。

①　定期同額給与

②　事前確定届出給与

③　業績連動給与

このうち①定期同額給与とは、毎月の支給額又は源泉税等を控除した後の手取り額が同額であるものをいい、会計期間開始の日から 3 カ月以内等に改定(通常改定)された場合は、改定前の支給額等が同額で、かつ改定後の支給額等が同額であるものをいう。役員の職制上の地位の変更等（臨時改定事由）や経営状況が著しく悪化したなど（業績悪化改定事由）も認められる。

事業年度中に複数回の改定が行われた場合には、改定の前後で期間を区分し、それぞれの期間ごとに、その期間中の各支給時期において支給される定期給与の額が同額であるかを判定することになる。

本問の場合、甲株式会社が取締役 A に支給する 4 月分、5 月分の役員給与は定期同額給与に該当する。また、6 月分以降 9 月分までの役員給与は、通常改定による増額がなされたものとして定期同額給与となる。10 月分以降の増額改定は、臨時株主総会の決議があったとしても業績が好調であることを理由としており、役員の職制上の地位の変更、職務内容の重大な変更その他これらに類するやむを得ない事情といった臨時改定事由による改定に該当しない。そのため、増額改定前の定期給与の40万円に15万円上乗せ支給したといえる。

よって、損金不算入額は、10月分から翌年3月分までの上乗せして支給した部分となる。

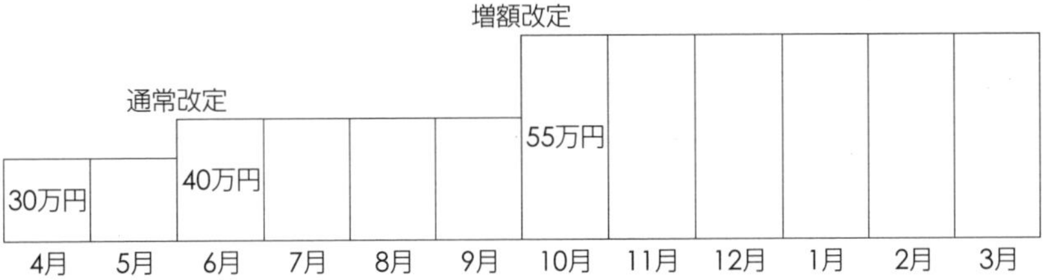

損金不算入額：(55万円－40万円)×6カ月＝90万円

したがって、b)となる。

問7-3　解答：c

法人税法上の交際費等の理解度を問う問題である。

得意先や仕入先に対する接待、供応、慰安、贈答などの行為のために支払った費用を交際費等として処理する。

まず、①から④の取引のうち、交際費等に該当するものを集計する。

①：宣伝的効果を意図してプレゼントする少額な物品であるため、広告宣伝費に該当。

②：交際費等に該当。

③：役員又は従業員に対する接待等を除く、飲食等の費用は、その支出額を参加者の数で割って、1人当たり5,000円以下である費用に関しては、交際費等にはならない。

宴会費については、1人当たり5,000円超（80万円÷150名≒@5,333円/人）となり、交際費等に該当。

記念品代については、贈答品であり交際費等に該当。

④：祝儀は、創立30周年記念パーティー費用の支出とは別の行為と考えら

れ、当該費用から祝儀を控除することはできない。雑収入として計上する。

よって、交際費等は、120万円（＝10万円+80万円＋30万円）となる。

次に、損金不算入額を求める。

資本金1億円超の法人（期末の資本金100億円は超えない）であるため、損金算入限度額40万円（＝80万円×50%）となり、損金不算入額は80万円（＝120万円－40万円）となる。

したがって、c)となる。

問7-4　解答：d

経費項目の消費税の取扱いについての理解度を問う問題である。

①　徒歩通勤者に支払う通勤手当

対象外。

通勤手当（定期券等の支給など現物による支給を含む）のうち、通勤に必要な交通機関の利用又は交通用具の使用のために支出する費用に充て、通常必要であると認められる部分の金額は、課税仕入れに該当する。

電車通勤やマイカー通勤、自転車通勤は課税仕入れとなる。しかし、徒歩通勤は、その通勤に必要な交通機関の利用又は交通用具の使用のための支出がないため、課税対象外の扱いとなる。

②　「支払手数料」勘定にて処理したクレジットカード手数料

非課税。

支払手数料は課税仕入れとなることが多いが、クレジットカード会社が手数料として徴収するいわゆるクレジットカード手数料は、売上債権をクレジットカード会社に譲渡したことにより発生した債権譲渡損と考えられ、非課税となっている。

③　新型コロナウイルス感染症のPCR検査費用（保険適用外）

課税。

健康保険法等に基づく「社会保険医療の給付等に係る資産の譲渡等」は非課税とされているが、保険適用外のPCR検査費用は、健康診断費用や人間ドック費用同様、課税扱いとなる。

なお、海外出張に行き、帰国前に受けたPCR検査費用は、国内で受診したものではないので課税対象外となる。

④　駐車違反により徴収されたレッカー移動料、保管費用

対象外。

資産の譲渡等の対価に該当しないので、課税対象外となる。

したがって、d)となる。

Chapter 8 月次業績管理

問8-1 解答： d

月次業績管理の目的を問う問題である。

> a) 月次決算は、早期に経営状況を把握し、迅速に対策をとることができるようにすることが目的である。

適切。

月次決算とは、主として経営管理の目的で、毎月の営業成績や財政状態を明らかにするために月々行われる決算をいう。

月次決算は、経営者が重視する経営指標データをスピーディに報告し、経営管理に役立てることが最大の目的である。

> b) 月次決算を実施することにより、年度計画の売上高、営業利益、純利益を目標として進捗管理を行うことができる。

適切。

年度予算・年度計画を月次に展開した予算を月次予算という。月次決算を実施し、月次予算と比較し、差異分析等をして年度計画の進捗管理を行う。

> c) 月次決算を適切に行うことにより、年度決算の利益を高い精度で早期に予測することができる。

適切。

年度決算は一事業年度を通じて行われる決算のことをいう。月次決算は、年度決算と比較して簡便な方法で行うのが一般的であるが、月次決算を適切な方法で実施することにより、年度決算の利益を早期に予測することが可能となる。

d）月次決算では、株主への報告を行うため、法令に基づく開示資料が作成される。

適切でない。

月次決算は、経営者への内部報告を目的とするものであって株主への報告を目的とするものではない。また、月次決算は年度決算とは異なり、開示に関する法令の規制はない。

【月次決算と年度決算】

	月次決算	年度決算
目的	内部管理（経営管理）	外部報告（ステークホルダーへの報告）
法令準拠	なし（会社が任意で実施）	会社法、金融商品取引法、法人税法
重視されるもの	迅速性・速報性	正確性
決算手続	簡便な方法で実施	厳密な方法で実施

問8-2 解答：a

月次決算の経理処理について問う問題である。

a）月次決算では迅速性が重視されるので、現金・預金の帳簿残高が実際の残高と一致していない場合でも、帳簿の修正は要しない。

適切でない。

月次決算は、経営者に対し、スピーディに経営状況を報告することが最大の目的であるため、正確性よりも迅速性が重視され、重要性の乏しい項目は簡便な処理によるのが一般的である。しかし、現金・預金の帳簿残高は質的に重要な項目であり、実際の残高と一致させておかなければならない。

b）仮払金や仮受金等の仮勘定は、適切な科目に振り替える必要がある。

適切。

仮払金や仮受金等の仮勘定は、金額的な重要性も考慮しながら月次決算の段階で仮勘定となっている原因を解明し、適切な科目に振り替えるべきである。

月次決算で仮勘定を正しい科目に振り替えておくことにより、年度決算の作業を迅速に進めることが可能となる。

c）減価償却費や退職給付費用等は、年間費用を見積もり、その１カ月分を月次の費用として計上すればよい。

適切。

月次決算は、経営者に対し、スピーディに経営状況の報告をすることが目的であるので、年度決算と異なり、簡便な処理によることが一般的である。減価償却費や退職給付費用等の期末確定費用については、年間の金額を見積もったうえで、その１カ月分を月次費用として計上すればよい。

d）月次決算では迅速性が求められるため、未払費用や前払費用等の経過勘定項目は、金額が大きく重要性の高いものだけに限定して計上することがある。

適切。

月次決算は、経営者に対し、スピーディに経営状況の報告をすることが目的であるので、年度決算と異なり、簡便な処理によることが一般的である。未払費用や前払費用等の経過勘定項目についても、経営判断を誤らない範囲で迅速性を優先し、金額の大きなものだけを計上することがある。

Chapter 9 単体決算業務

問9-1 解答： d

年度決算の決算方針として、事前に検討しておくべき事項を問う問題である。

決算方針とは、会社が年度決算に際して行う経理・財務の処理の方向付けのことである。たとえば、不良債権の処理方針、不良在庫の処理方針、有価証券の減損、固定資産の減損、引当金の計上方針、配当方針等がある。

a） 会計基準および税法の改正への対応の方針

適切。

会計基準や税法の改正に対して、決算でどのように対応するかは、時間を要するので事前に検討しておかなければならない。

b） 売掛金、受取手形、貸付金等に含まれる不良債権の処理方針

適切。

回収が滞っている売掛金等の債権については、回収の見込みがあるのかどうか検討し、自社のルール等にしたがって、事前に決算処理の方針を固めておく必要がある。

c） 有価証券や固定資産の減損に関する事項

適切。

有価証券や固定資産の減損に係る会計基準、自社のルール等にしたがって、減損処理の要否を検討し、事前に決算処理の方針を固めておく必要がある。

d） 決算作業の担当業務の割り当て

適切でない。

決算の事前準備として行うべきものの一つであるが、あくまでも決算作業そのものに関するものであって、決算方針に含めるべき事項ではない。

問 9 - 2　解答： c

本問は、仮勘定についての会計処理を問う問題である。

仮勘定とは、仮受金、仮払金、建設仮勘定、ソフトウェア仮勘定等の科目をいう。仮勘定は、なんらかの理由で本来の会計処理を行うことができない場合に、一時的に使われる勘定科目である。

a）自社で利用するために発注したソフトウェアについて、システム会社との契約に基づき期中に支払った開発費用 5,000,000 円は、期末時点で開発途中であったため、ソフトウェア仮勘定に計上した。

適切。

ソフトウェア仮勘定とは、制作途中のソフトウェアの制作費を処理するための無形固定資産の仮勘定である。

期末時点で開発途中の制作費用はソフトウェア仮勘定に計上する必要がある。

b）来期に完成予定の新社屋の設計業務が完了し、その費用として 10,000,000 円を支払ったので、期末決算において建設仮勘定に計上した。

適切。

建設仮勘定とは、建設途上にある建物、構築物、設備等の支出を処理するための有形固定資産の仮勘定である。

新社屋の設計費は、新社屋の建物の取得価額に含めなければならないため、一旦建設仮勘定として処理しておき、建物が完成したら建物勘定に振り替える処理を行う。

c）預金口座に取引先から 1,000,000 円の入金があり、内容が分からなかったため仮受金として処理していたが、期末までに詳細が分からなかったことから、期末決算では仮受金のままとした。

適切でない。

入金時に内容が分からなかったため仮受金や預り金で処理した場合、期末決算までには内容を確認して本来の正しい勘定科目に振り替える処理を行わなければならない。

d) 相手先が不明な支出 1,000,000 円の仕訳処理にあたって仮払金として処理していたが、期末決算時に出金の内容を調査し、新規の取引先に対する原材料の購入代金であることが判明したため、仕入勘定に振り替えた。

適切。

支出時に内容が分からなかったため仮払金で処理した場合、期末決算までには内容を確認して本来の正しい勘定科目に振り替える処理を行わなければならない。

問 9 - 3　解答： c

本問は引当金に関する知識を問う問題である。

引当金とは、将来の特定の支出や損失に備えるために、貸借対照表の負債の部又は資産の部の評価勘定に引き当てておく金額のことをいう。賞与引当金、退職給付引当金、役員退職慰労引当金、製品保証等引当金、返品調整引当金、貸倒引当金その他さまざまな引当金がある。

引当金を計上するために満たすべき要件として正しい組み合わせは、次のうちどれか。

① 契約に基づく確定債務であること。
② 発生の可能性が高いこと。
③ 金額を合理的に見積もることができること。
④ 支出額が確定していること。
⑤ 将来の特定の費用又は損失であること。
⑥ その発生が当期以前の事象に起因すること。

引当金の計上要件は次の 4 つである。

(1)　将来の特定の費用又は損失であること。

(2)　その発生が当期以前の事象に起因すること。

(3)　発生の可能性が高いこと。

(4)　その金額を合理的に見積もることができること。

したがって、②、③、⑤、⑥が正しい。契約に基づく確定債務であること（①）や、支出額が確定していること（④）は必要とされない。

参考に、引当金の具体的な会計処理を以下に示す。

【参考】賞与引当金の場合の会計処理

3月決算で6月の賞与支給見込額が600万円（支給日6/20）、6月賞与の対象期間（計算期間）が12月～5月の6カ月間とすると、当期の費用として計上すべき額は、計算期間6カ月のうち4カ月分（12月～期末3月）の400万円（＝600万円×4カ月/6カ月）である。残りの200万円（＝600万円－400万円）は実際に支給した年度の費用になる。

[当期／賞与支給日の前年度の仕訳]

借方科目	金額	貸方科目	金額
賞与引当金繰入額	400	賞　与　引　当　金	400

当期の費用

将来の支出

[翌期／賞与を支給した6/20の仕訳]

借方科目	金額	貸方科目	金額
賞　与　引　当　金 賞　　　　　　　与	400 200	現　金　預　金	600

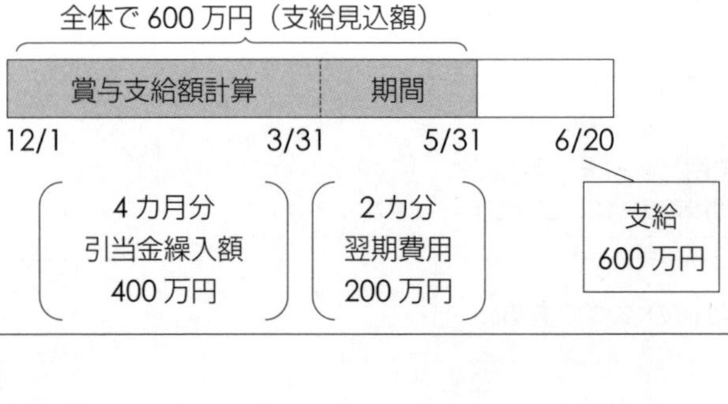

問9－4　解答：a

決算に関わる会社法上の手続きに関する知識を問う問題である。

a) 監査役の監査を受けるため、貸借対照表、損益計算書、株主資本等変動計算書、個別注記表および計算書類の附属明細書を監査役に提出する前に、これらについて取締役会の承認を受けなければならない。

b) 貸借対照表、損益計算書、株主資本等変動計算書、個別注記表および計算書類の附属明細書につき監査役の監査を受けた後、取締役会の承認を受けなければならない。

a)は適切ではない。b)は適切。

会社法では、計算書類及び事業報告並びにこれらの附属明細書は取締役会の承認を受けなければならないこととされている。この取締役会は、一般的に決算取締役会と呼ばれる。

決算取締役会は、監査役の監査を受けた後、定時株主総会の招集までのタイミングで行われる。現行の会社法の下では、監査役の監査を受ける前に取締役会の承認を受ける必要はない。

c) 貸借対照表、損益計算書、株主資本等変動計算書および個別注記表は株主総会に付議し、その承認を受けなければならない。

適切。

計算書類（貸借対照表、損益計算書、株主資本等変動計算書および個別注記表）は、原則として株主総会の承認を要する（ただし、会計監査人設置会社の場合は、会計監査報告が無限定適正意見であること等、一定の要件を満たす場合には株主総会の承認は不要で、株主総会への報告のみ必要となる）。なお、計算書類の附属明細書は、株主総会の承認を受ける必要はない。

d）定時株主総会は、毎事業年度の終了後一定の時期に招集しなければならないが、具体的な開催時期は、会社法に規定はなく、定款に定めるところに従う。

適切。

会社法では、株式会社の定時株主総会は毎事業年度の終了後一定の時期に招集しなければならないものと規定されているが、たとえば「事業年度の終了後3カ月以内に定時株主総会を招集しなければならない」というような規定があるわけではなく、定時株主総会の具体的な開催時期は、各会社の定款に定めるところに従うこととなる。

なお、上場企業の場合は事業年度終了後3カ月以内に定時株主総会を開催することと規定されているのが一般的である。

Chapter 10 連結決算管理

問 10 - 1　解答：b

連結決算の業務の流れに関する問題である。

> ①　親会社は連結子会社等に対して、親会社との会計処理、勘定科目、会計期間の統一についての協議、連結パッケージの正確な作成に向けた事前説明及び作成支援などを実施する必要がある。

適切。

連結財務諸表作成において、個別財務諸表合算以降の手続きは親会社で行うが、連結子会社及び持分法適用会社は、連結決算のもととなる個別財務諸表を作成する。近年は税効果会計や減損会計など複雑な会計処理も多く、これまで税法に準拠した決算書を作成していた連結子会社等においては大きな事務負担となる。また、早期の決算発表も市場から要請されており、作業時間も限られている。

このような環境下において、親会社は連結子会社等に対して指導及びサポートを実施する必要がある。問題文に記載された事項以外にも、親会社が実施する事項として、下記事項があげられる。

・連結子会社等の業務内容及び作成体制の把握と助言

・単体決算の迅速化に向けた業務内容の見直し支援

なお、連結パッケージとは、グループ各社の個別決算数値及び必要なデータを記載する報告資料の総称のことである。

> ②　連結の範囲となる会社を確認する際、プロセスとしては、全グループ会社を把握し、影響力判定、重要性を考慮したうえで連結適用会社又は持分法適用会社を判定する。

適切でない。

連結対象会社の確認においては、影響力判定ではなく、支配力判定を行うため、不適切である。

支配力判定	議決権の過半数を所有しているかどうかだけでなく、意思決定機関を支配し、支配従属関係があるかどうかで判定。
影響力判定	議決権が 20%以上 50%以下の会社だけでなく、議決権が 20%未満でも財務、営業、事業の方針の決定に対して重要な影響を与えることができるかどうかで判定。

支配力判定の結果、支配が及んでいれば子会社として認識し、重要性を考慮したうえで連結適用会社かどうかを判定する。支配が及ばず影響力があれば関連会社として持分法を適用するかどうか判定する。

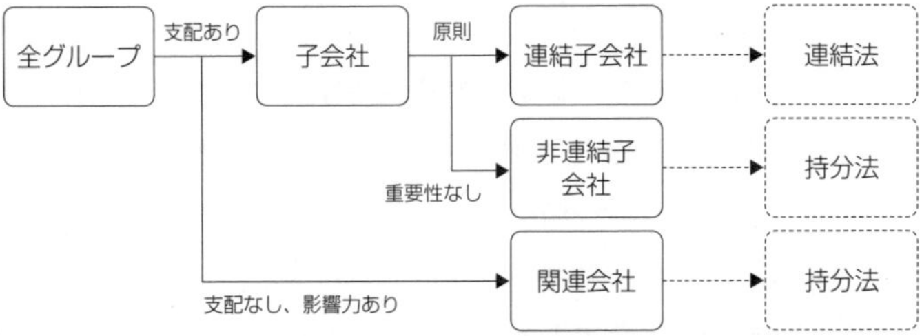

③　連結子会社等から必要な情報を吸い上げるために連結パッケージを準備する必要がある。A 社においては、連結パッケージを準備する予算と時間がなく、エクセルで簡易なフォーマットを作成し、連結子会社等の担当者に一斉メール送信した。

適切。

連結パッケージは、連結決算を効率良くかつ正確に作成するために用いられるが、連結子会社等の担当者が、作成に際して悩まないよう分かりやすく作成したり、手間を省くために、リンクを貼ったり、自動計算できるようなシステム化が必要である。このような趣旨にかなうならば、必ずしも連結会計のためのソフトウェアを導入する必要はなく、企業規模、連結子会社数等を考慮してエクセルで提供することでも問題はない。

なお、連結子会社等の担当者にメール送信する場合でも送付漏れのないように注意する必要がある。

④ 連結子会社B社において、連結パッケージを親会社に提出後、記載誤りが発覚した。連結パッケージの提出期日後であったため、翌期、B社の単体決算の修正項目として処理した。

適切でない。

親会社が設定した連結パッケージの提出期日後であったとしても、親会社での連結決算作業中で、修正事項を盛り込める可能性もあるため、記載誤りが発覚した段階で速やかに親会社に報告し、指示を仰ぐ必要がある。仮に、親会社の決算発表後に記載誤りが発覚したとしても、決算修正をして発表し直すこともあるため、子会社で勝手に判断せず親会社への報告はすべきである。

一方、親会社においては、期日通りに連結パッケージの提出を受けたとしても適正な連結財務諸表作成のために、回収した連結パッケージの検証を行う必要がある。前期との比較や適用された各会計処理基準等について検証する。不明点があれば問い合わせを行う。重要な修正事項があれば、再度連結パッケージの再作成を依頼するか、親会社にて修正をする。再作成を依頼する場合は、常に連結子会社等の報告責任者を通じてやり取りを行い、最新のデータ等を回収するように努める。

⑤ 各連結子会社等の連結パッケージをもとに、単純合算財務諸表を作成する。子会社との決算期の乖離が3カ月を超える場合は、重要な不一致については調整を行う。その後、投資と資本の相殺消去、内部取引消去仕訳などを行い、連結財務諸表を作成していく。

適切でない。

親会社と決算期が異なる子会社等が存在する場合、決算期の乖離が3カ月以内の場合は、重要な取引情報を抽出し、対応策を検討する。3カ月を超える場合は、仮決算を行う旨の指示を行う。単純に期ズレの調整を行うものではない。

親会社にて財務諸表の合算及び連結修正消去をして、連結財務諸表を作成していくこととなる。

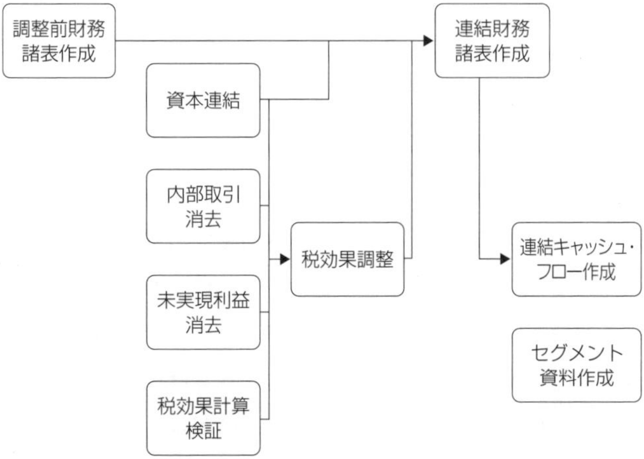

⑥ 連結財務諸表を作成するためのワークシートに「連結精算表」がある。主に、個別財務諸表と連結修正消去仕訳を反映して連結財務諸表を作成する。この連結精算表において、前期比較及び予算比較等を行い、連結財務諸表に異常がないか分析する。

適切でない。

連結調整仕訳を反映させた連結精算表から連結財務諸表を作成する。連結財務諸表が出来上がったら、前期比較及び予算比較等を行い、作成された連結財務諸表に異常がないか分析する。必ずしも連結精算表において前期比較及び予算比較等を行うわけではない。

したがって、適切でない記述は4つとなり、b)となる。

問 10 - 2　解答： a

連結の範囲の理解度を問う問題である。

連結の範囲に含められる子会社を「連結子会社」と呼び、連結の範囲から除かれる子会社を「非連結子会社」と呼ぶ。

原則、全ての子会社を連結の範囲に含めなければならない。例外として、支配が一時的であると認められる子会社や連結の範囲に含めることによって利害関係人の判断を著しく誤らせるおそれがあると認められる子会社は、連結の範囲に含めない。なお、重要性の乏しい子会社は連結の範囲から除くことができる。

子会社の範囲は、支配力基準に基づいて、意思決定機関を支配し、有効な支配従属関係があるかどうかで判定する。

「意思決定機関を支配」している場合とは、下記事項のいずれかに該当する場合をいう。但し、財務上、営業上、事業上の関係からみて他の会社等の意思決定機関を支配していないことが明らかであると認められる場合はこの限りではない。

・議決権の過半数を自己の計算において所有している場合
・議決権の40%以上50%以下を自己の計算において所有し、かつ、「緊密な者」及び「同意している者」と合わせて議決権の過半数を占めている場合などに該当する場合
・自己と「緊密な者」及び「同意している者」と合わせて議決権の過半数を所有し、かつ、役員若しくは使用人、又はこれらであった者(財務、営業、事業の方針の決定に関して影響を与えることができる者)が、取締役会等の構成員の過半数を占めている場合などに該当する場合

親会社が直接支配している場合だけでなく、下記の場合においても支配していると判定される（間接支配)。

・親会社と子会社が一体となって他の会社を支配している場合
・子会社単独で他の会社を支配している場合
・複数の子会社が一体となって支配している場合

これらを踏まえて判定すると次のようになる。

A社：連結子会社	P社は議決権の過半数を所有
B社：連結子会社	P社とA社合わせて議決権の過半数を所有
C社：非連結子会社	P社は一時的な所有であるため除外
D社：非連結子会社	A社が議決権の過半数を有しておらず、P社の支配が及んでいない

したがって、適切なものはa)となる。

問 10 - 3　解答： a

連結仕訳の理解度を問う問題である。

① 70%子会社への投資額 700 万円と子会社の資本金 1,000 万円との連結消去仕訳

借方科目	金額	貸方科目	金額
資　本　金	1,000	子 会 社 株 式 非支配株主損益	700 300

適切でない。

投資と資本の消去仕訳の問題である。

親会社の子会社に対する投資と子会社の資本を相殺消去する。子会社の資本のうち親会社に帰属しない部分は、「非支配株主持分」（B/S 科目）に振替える。

本問において、「非支配株主損益」（P/L 科目）に振替えているため、適切でない。

【適切な仕訳】

借方科目	金額	貸方科目	金額
資　本　金	1,000	子 会 社 株 式 非支配株主持分	700 300

② 投資額 1,300 で子会社（資本金 1,000）を 100%取得した場合の連結消去仕訳

借方科目	金額	貸方科目	金額
資　本　金 の　れ　ん	1,000 300	子 会 社 株 式	1,300

適切。

投資消去差額が発生する場合の投資と資本の消去仕訳の問題である。

投資と資本を相殺消去した結果生じる差額は、「のれん」として計上する。

「のれん」は、無形固定資産に計上される。

③　親会社から100%子会社へ商品を販売し、棚卸資産に30万円の未実現利益が含まれている場合の連結消去仕訳

借方科目	金額	貸方科目	金額
売上総利益	30	棚卸資産	30

適切でない。

未実現利益の消去仕訳の問題である。

連結会社間で商品売買取引を行った結果、仕入側において期末日に棚卸資産が存在する場合には、その棚卸資産に含まれている利益を消去する必要がある。

本問において、借方科目を「売上総利益」としているが、「売上高」と「売上原価」との差額項目であり、処理すべき勘定科目ではないため、適切でない。

【適切な仕訳】

借方科目	金額	貸方科目	金額
売上原価	30	棚卸資産	30

④　70%子会社が500万円の配当を行った場合の連結消去仕訳

借方科目	金額	貸方科目	金額
受取配当金	350	配当金	350

適切でない。

利益処分項目の消去仕訳の問題である。

配当金を親会社が子会社から受領した場合は、内部取引に該当するため消去する必要がある。

本問において、親会社持分の配当金額しか消去されておらず、非支配株主持分の配当金額が残ったままとなっているため、適切でない。

【適切な仕訳】

借方科目	金額	貸方科目	金額
受取配当金 非支配株主持分	350 150	配当金	500

したがって、適切なものは 1 つであり、a)となる。

問 10 - 4　解答：d

持分法仕訳の理解度を問う問題である。

a)

借方科目	金額	貸方科目	金額
資本金	3,000	投資有価証券	3,000

適切でない。

持分法においては投資と資本の消去仕訳は行われず、適切でない仕訳である。

b)

借方科目	金額	貸方科目	金額
のれん	500	投資有価証券	500

適切でない。

のれんは発生していないので、適切でない仕訳である。

c)

借方科目	金額	貸方科目	金額
投資有価証券	500	持分法投資損益	500

適切でない。

乙株式会社が計上した当期純利益の全額が甲株式会社に帰属しているので、適切でない仕訳である。

d)

借方科目	金額	貸方科目	金額
投資有価証券	75	持分法投資損益	75

適切。

持分法適用会社が計上した純資産及び損益を持分割合に応じて取り込む仕訳であり（当期純利益500万円×15%＝75万円)、適切な仕訳である。

したがって、適切なものはd)となる。

問 10 - 5　解答：a

連結キャッシュ・フロー計算書の理解度を問う問題である。

連結キャッシュ・フロー計算書は、企業グループの一会計期間における資金の増減の状況を報告するために作成される。営業活動によるキャッシュ・フロー、投資活動によるキャッシュ・フロー、財務活動によるキャッシュ・フローの3区分に分けて表示される。

営業活動による キャッシュ·フロー	会社の本業から稼ぎ出した資金の増減を示すもの。営業損益計算の対象となった取引のほか、投資活動及び財務活動以外の取引によるキャッシュ・フローも記載される。
投資活動による キャッシュ·フロー	有形・無形固定資産の購入といった設備投資や投資有価証券の購入、売却、資金の貸付、回収といった余剰資金の運用による成果を示したもの。会社が将来のためにどの程度資金を支出したのか、又はどの程度獲得したのかがわかる。
財務活動による キャッシュ·フロー	借入や社債の発行といった資金調達やそれらの返済・償還といった会社のファイナンスに係る資金の増減を示すもの。配当金の支払いや自己株式の購入による支出も示される。

このうち、営業活動によるキャッシュ・フロー計算書の表示方法には、直接法と間接法があり、選択適用となっている。本問は、間接法による表示方法についての問題である。なお、実務では作成が容易な間接法を採用している企業グループが多い。

直接法	営業収入、商品の仕入れなど主要な取引ごとにキャッシュ・フローを総額で表示する方法である。
間接法	税金等調整前当期純利益に非資金損益項目を加算して、資産、負債の増減、投資活動によるキャッシュ・フロー、財務活動によるキャッシュ・フローの区分に含まれるキャッシュ・フロー関連損益を加減算して表示する方法である。

まず、空欄 A の金額を算出する。売上債権の増減額欄であることから、与えられている情報より、前期末残高と当期末残高の増減を計算して営業活動によるキャッシュ・フローへのインパクトを求める。

当期末 42,078 千円－前期末 41,254 千円＝増加額 824 千円

売上債権の増加は、キャッシュがまだ回収できていない状況のため、マイナスのインパクトとなる（なお、売上債権の減少はプラスのインパクトとなる）。

よって、空欄 A には、△ 824 千円が入る。

次に、空欄 B、C の金額を算出する。各々、縦に加減算した結果、空欄 B は 3,930 千円、空欄 C は 2,612 千円となる。

空欄 D は、営業活動によるキャッシュ・フロー、投資活動によるキャッシュ・フロー、財務活動によるキャッシュ・フローの 3 区分の合計額である。よって、空欄 D は 762 千円（＝ 2,612 千円－ 754 千円－ 1,096 千円）となる。

最後に、空欄 E は、期中の増減額に期首残高を反映したものが期末残高となる。よって、空欄 E は 2,104 千円（＝ 762 千円＋ 1,342 千円）となる。

したがって、適切なものは a)となる。

Chapter 11 ディスクロージャー

問 11 - 1 解答： d

ディスクロージャー全般の理解度を問う問題である。

①開示の種類：ディスクロージャーは大きく 3 種類に区分される。

種類	内容
法定開示	法令により義務付けられている情報開示。
適時開示	金融商品取引所の規則に基づき上場企業に義務付けられている情報開示。
任意開示	法令や規則などの要請がなされていない情報開示。

②開示の根拠・③主な開示書類：

法定開示は、会社法、金融商品取引法により情報開示を義務付けられている。各々の開示書類としては、下記のものがある。

根拠法令	開示書類
会社法	事業報告、計算書類、連結計算書類、附属明細書など
金融商品取引法	有価証券届出書、有価証券通知書、目論見書、有価証券報告書、四半期報告書、内部統制報告書、訂正報告書など

適時開示は、金融商品取引所の規則に基づき、決算短信、四半期決算短信、新株発行に関するお知らせ、主要株主の異動に関するお知らせなどの開示が行われる。

任意開示は、自発的に行われる開示であり、制約はない。見やすさ、分かりやすさを重視して作成される。開示書類としては、アニュアルレポート、株主通信、統合報告書、ESG 報告書などがある。

④提出先：

会社法に基づく開示書類である計算書類は、株主総会で承認や報告が行われるので、定時株主総会の招集通知で、株主へ提供される。

金融商品取引法に基づく開示書類である有価証券報告書は、事業年度経過後3カ月以内に、内閣総理大臣（関東財務局又は管轄財務局）へ提出される。

決算短信は、金融商品取引所に提出される。

アニュアルレポートは、IR（インベスター・リレーションズ）の1つとして、経営トップによるメッセージや活動実績、財務情報などが記載される。株主や投資家、金融機関などに配布したり、ホームページ上に公開されたりする。日本における任意開示のアニュアルレポートは、米国証券取引員会への提出は求められていないため、適切でない選択肢である。

⑤主なステークホルダー：

企業が活動するうえで、直接的、間接的に影響を受ける利害関係者のことをステークホルダーという。ステークホルダーは数多くいるが、開示の目的によって影響度は異なる。

会社法決算の主な外部のステークホルダーは、株主、債権者である。

金融商品取引法による開示や適時開示は、投資家保護のために行われる。

アニュアルレポートは、広く株主、投資家、金融機関などが外部のステークホルダーとなる。

したがって、適切でないものの組み合わせは、d)となる。

問 11 - 2　解答：c

決算短信に関する理解度を問う問題である。

> ①　決算情報は、遅くとも決算期末後 [A] 日以内に開示されることが適当とされている。

上場会社は、決算の内容が定まったときに、直ちにその内容を開示することが義務付けられているが、投資家の投資判断に与える影響の重要性を踏まえると、決算期末の経過後速やかに決算の内容のとりまとめを行うことが望まれている。遅くとも決算期末後45日（45日目が休日である場合は翌営業日）以内に内容のとりまとめを行い、その開示を行うことが金融商品取引所の要請事項として、適当とされている。

さらに、決算期末後 30 日以内の開示がより望ましいものと考えられている。

なお、決算期末後 50 日を超えることとなった場合には、決算の内容の開示後遅滞なく、その理由及び翌年度以降における決算内容の開示時期に係る見込み又は計画について開示することとなっている。

よって、A には 45 が入る。

② 決算短信の基本的な構成は、［　B　］と添付資料からなっている。

決算短信の基本的な構成は、サマリー情報と添付資料からなっている。

項目	内容
サマリー情報	・連結経営成績 ・連結財政状態 ・連結キャッシュ・フローの状況 ・配当の状況 ・連結業績予想　　など
添付資料	・経営成績等の概況 ・会計基準の選択に関する基本的な考え方 ・連結財務諸表及び主な注記

よって、B にはサマリー情報が入る。

なお、従来の財務情報を中心とした有価証券報告書などの開示とは異なり、非財務情報を中心とした CSR 報告書などや財務情報と非財務情報とを関連付けた統合報告書といった開示が増えている。

③ 決算短信は、［　C　］でリアルタイムに閲覧することができる。

決算短信は、TDnet で閲覧できる。TDnet（Timely Disclosure network：適時開示情報伝達システム）は、公平・迅速かつ広範な適時開示を実現するために提供されているシステムで、上場会社は、会社情報の適時開示を行う場合に、TDnet を利用することが上場規程により義務付けられている。

よって、C には TDnet が入る。

なお、EDINETとは、Electronic Disclosure for Investors' NETworkのことで、「金融商品取引法に基づく有価証券報告書等の開示書類に関する電子開示システム」のことをいう。有価証券報告書、半期報告書、有価証券届出書及び自己株券買付状況報告書等の提出は、EDINETを使用して行われ、提出された開示書類について、インターネット上においても閲覧を可能とするものである。

④ 決算短信は、[D]ディスクロージャーが求められる。有用な情報提供のため、前期との比較形式で開示したり、金額だけでなく比率も開示したりする。

投資家保護のためタイムリーディスクロージャーが求められる。定量情報である財務諸表の作成、定性情報として会社の経営成績等の概況などを文章とし

【決算短信作成】

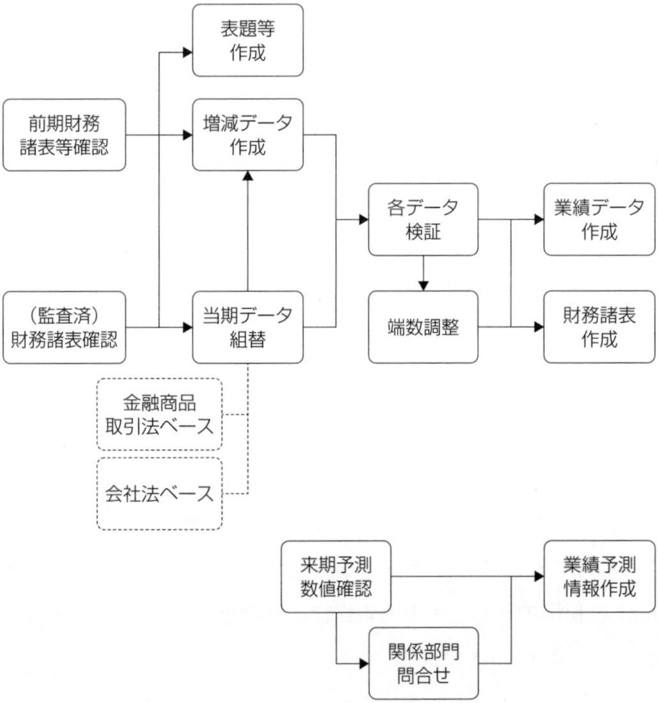

て作成する。

決算短信の取りまとめは、IR 部門と緊密な連絡を取りながら経理部門が担当することになる。決算短信の作成に当たっては、決算数値は経理部、予想値は経営企画部、定性情報は総務部といった具合に各部署にまたがるので、スケジュール調整、担当確認等が大事である。

よって、D にはタイムリーが入る。

なお、上場企業等に投資家に対する公平な情報開示を求めるフェア・ディスクロージャー・ルールが 2018 年 4 月より施行された。上場企業等が取引関係者に未公表の重要情報の伝達を行う場合には、原則として、同時に当該重要情報を公表しなければならないといったルールがある。

したがって、語句の組み合わせとして、最も適切なものは、c)となる。

問 11 - 3　解答：c

法定開示である会社法と金商法による開示の理解度を問う問題である。

① 臨時計算書類：会社法

臨時計算書類とは、臨時決算日を設けて作成される計算書類のことである。貸借対照表と損益計算書のみが作成される。臨時の決算を行って期中の損益を取り込むことにより、剰余金の分配や自社株の取得に利用する。作成は会社の任意である。ただし、取締役会の承認が必要で、監査役設置会社等は監査役等の監査、会計監査人設置会社は会計監査人の監査を受けなければならない。

紛らわしいものとして、金商法による開示書類で、「臨時報告書」がある。臨時報告書とは、親会社又は特定子会社の異動、主要株主の異動、重要な災害の発生等企業の重要事項が決定又は発生した場合に作成する書類である。

② 個別注記表：会社法

重要な会計方針に関する注記、貸借対照表に関する注記、損益計算書に関する注記などの記載をする計算書類である。作成すべき注記表は、会計監査人設置会社かどうか、公開会社かどうか、有価証券報告書の提出義務の有無により異なる。連結計算書類には、連結注記表もある。

③ 確認書：金商法

「有価証券報告書の記載内容の適正性に関する確認書」のことであり、略して「確認書」と呼ばれている。

当該文書は有価証券報告書等の記載内容が金商法に基づき適正であることを代表者が確認した旨を記載するものである。経営者が宣誓することで、情報開示制度の信頼性を高める目的がある。

対象書類は、「有価証券報告書」「四半期報告書」「半期報告書（四半期報告書提出会社は不要）」である。提出が義務付けられるのは、有価証券報告書の提出会社のうち、金融商品取引所に上場している有価証券の発行者等となっている。

④　附属明細表：金商法

財務諸表の１つで、貸借対照表、損益計算書などの情報を補足するものである。有価証券明細表、有形固定資産等明細表、社債明細表、借入金等明細表、引当金明細表、資産除去債務明細表がある。連結ベースで作成する連結附属明細表もある。連結附属明細表には、社債明細表、借入金等明細表、資産除去債務明細表がある。

紛らわしいものとして、会社法による開示書類で、「附属明細書」がある。附属明細書には、計算書類関係と事業報告関係がある。計算書類関係の附属明細書は、計算書類の内容を補足するものである。有形固定資産及び無形固定資産の明細、引当金の明細、販売費及び一般管理費の明細がある。事業報告関係の附属明細書は、事業報告の内容を補足するものである。公開会社の場合は、「他の会社の業務執行取締役等を兼ねる会社役員の兼務状況の明細」を記載する旨が定められている。

したがって、適切なものの組み合わせは、c)となる。

問11-4　解答：b

公認会計士又は監査法人の監査に関する理解度を問う問題である。

①　有価証券報告書は監査、四半期報告書及び半期報告書はレビューが行われる。

適切でない。

金融商品取引法上、有価証券報告書は監査、四半期報告書はレビューが行われるが、半期報告書はレビューではなく監査が行われる。

書類	種類	内容
有価証券報告書	監査	財務諸表が、一般に公正妥当と認められる企業会計の基準に準拠して、企業の財政状態、経営成績及びキャッシュ・フローの状況をすべての重要な点において適正に表示しているか否かについての意見を表明。
四半期報告書	レビュー	四半期財務諸表について、一般に公正妥当と認められる四半期財務諸表の作成基準に準拠して、企業の財政状態、経営成績及びキャッシュ・フローの状況を適正に表示していないと信じさせる事項がすべての重要な点において認められなかったかどうかに関しての結論を表明。
半期報告書	監査	中間財務諸表が、一般に公正妥当と認められる中間財務諸表の作成基準に準拠して、企業の財政状態、経営成績及びキャッシュ・フローの状況に関し、有用な情報を表示しているか否かについての意見を表明。

なお、監査は合理的保証業務であり、結論の形式として「全ての重要な点において適正に表示しているものと認める」とされる。レビューは限定的保証業務であり、結論の形式として「適正に表示していないと信じさせる事項が全ての重要な点において認められなかった」とされる。

② 決算短信は監査、四半期決算短信はレビューが行われる。

適切でない。

決算短信、四半期決算短信は、公認会計士又は監査法人の監査やレビューの対象外である。

③ 臨時報告書、自己株式買付状況報告書は監査を省略してもよい。

適切でない。

臨時報告書、自己株式買付状況報告書は、そもそも公認会計士又は監査法人の監査の対象にはなっていない。

> ④ 上場会社のうち資本金 5 億円以上又は負債 200 億円以上の会社は、公認会計士又は監査法人による監査が義務付けられている。

適切でない。

公認会計士又は監査法人（会計監査人）の監査が義務付けられているのは、資本金 5 億円以上又は負債 200 億円以上の会社法上の大会社である。上場会社のくくりではない。

なお、監査等委員会設置会社及び指名委員会等設置会社も大会社の取扱いと同様、公認会計士又は監査法人（会計監査人）による監査が義務付けられている。

> ⑤ 臨時計算書類は公認会計士又は監査法人による監査が義務付けられている。

適切でない。

会社法上、臨時計算書類に関して、公認会計士又は監査法人（会計監査人）の監査を受けなければならないのは、会計監査人設置会社においてである。すべての会社において臨時計算書類の監査が義務付けられているわけではない。

> ⑥ 事業報告は公認会計士又は監査法人による監査の対象外となっている。

適切。

会社法上、事業報告は、監査の対象外となっている。また、事業報告関係の附属明細書も監査の対象外である。

> ⑦ 金融商品取引法上、2021 年 3 月 31 日以後に終了する事業年度より監査報告書に監査上の主要な検討事項（KAM）を記載することが義務付けられた。監査の重要なプロセスを記載するものであり、監査報告書の情報価値を高める。

適切。

KAMとは、Key Audit Mattersの略で、「監査上の主要な検討事項」をいう。監査の過程で監査役等と協議した事項の中から特に注意を払った事項を決定した上で、その中からさらに、当年度の財務諸表の監査において、職業的専門家として特に重要であると判断した事項を監査上の主要な検討事項として決定する。

監査上の主要な検討事項として決定した事項について、関連する財務諸表における開示がある場合には当該開示への参照を付した上で、下記の3点を監査報告書に記載する。

・監査上の主要な検討事項の内容
・監査人が監査上の主要な検討事項であると決定した理由
・監査における監査人の対応

⑧ 定款で会計参与を設置する旨を定めれば、公認会計士又は監査法人は株主総会で選任され、選任後1年以内に終了する事業年度のうち最終のものに関する定時株主総会の終結の時まで計算書類等の監査を行う。

適切でない。

会計参与とは、会社法上、取締役等と共同して計算書類等を作成する株式会社の機関をいう。監査を行うわけではなく、職務内容は他の役員とは独立した立場を維持しつつ、取締役と共同して計算関係書類を作成する。

なお、定款で会計参与を設置する旨を定めることができ、資格者は、税理士、税理士法人、公認会計士、監査法人に限られている。

したがって、適切でない記述は6つであり、b)となる。

Chapter 12 中長期計画管理

問 12-1 解答：c

中長期計画の作成の流れに関する問題である。

順を追って中長期計画は作成される。

まずは、企業及び経営者自身の持つ価値観をまとめることになる。これを「経営理念」という。よって、A には「経営理念」が入る。企業の存在意義や経営哲学を言葉としてまとめる。経営理念は、環境や時代の変化等に関係なく、大きく変わるものではない。経営者、従業員すべてが共通認識することが大事である。

次に、環境分析を行うが、前者の B には「外部」、後者の C には「内部」が入る。現状を分析、把握し、課題を特定することが重要となる。

分析を踏まえて行うのが、D に入る「目標」である。目標の作成プロセスを階層別に示すと次のようになる。

	担当	内容
1	経営者	全社目標数値の設定
2	事務局（企画部又はプロジェクトチーム等）	各部門への目標の策定依頼 フォーマットの定型化
3	各部門	部門による作成
4	事務局（企画部又はプロジェクトチーム等）	全社目標数値と部門集計値との整合性のチェック
5	関係者	各部門とのすり合わせ
6	関係者	会社数値計画の最終検討

全社数値目標の設定を受けて、戦略の具体化、数値化を図っていくことになる。具体的には販売計画、生産計画、要員計画、設備計画、資金計画といったものに行動計画と数値化を落とし込んでいく。

なお、中長期計画の作成の実働部隊としては、企画部又はプロジェクトチームとして編成されたメンバー等が担うことになる。また、経営者や主要部門長も必ず関与することが大事である。

したがって、語句の組み合わせとして、最も適切なものは、c)となる。

問 12 - 2　解答：a

中長期計画の策定、実施上の弊害要因に関する問題である。

> ①　中長期計画はあくまでも予測であり、見通し誤り、予測不能事項の発生により経営状況に激変が生じた場合は、予定通りにはいかない。

適切。

中長期計画には、将来の需要予測等が必要である。中長期とひとくくりにしているが、計画対象期間は明確には定められておらず、企業によってまちまちである。一般的には、中期計画は 3 年ないし 5 年、長期計画は 5 年から 10 年ないし 10 年以上になると考えられる。少なくとも、3 年先の将来を見通す必要が出てくる。この見通し通りに事が運ぶことは難しく、見通し、予測の不確実性がある。

> ②　情報や資料の入手不足があった場合、計画にズレが生じる可能性がある。また、情報や資料の入手には時間やコストがかかる問題もある。

適切。

中長期計画策定に必要な情報を適時に、完璧に収集することは難しい。例えば、関係部門への情報収集の際、コミュニケーションにギャップがあれば求めているデータが手に入らない、手に入ったとしてもやり取りに時間を要することもある。また、外部からデータを入手する場合は、対価を支払うこともあり、コストがかかる。情報や資料に入手不足等という弊害要因がある。

③ 中長期計画作成の必要性を認識していない部門が存在することで、安易なものしか策定されないことがある。また、同様に必要性を認識しないことにより、実行力が欠如し、計画自体を否定される可能性がある。

適切。

中長期計画は、企業の収益性、成長性、安定性を均衡させ、経営基盤の確立を期すことを目的としている。この目的やその意義を理解していない部門があると、策定自体がおざなりになることがある。情報を共有し、経営者と各部門との連携、コミュニケーションが大事になる。

したがって、適切でない記述はなく、a)となる。

問 12 - 3　解答： a

競合環境分析として代表的なSWOT分析に関する問題である。

自社の「強み」「弱み」と市場の「機会」「脅威」とを掛け合わせたマトリックス図によって、自社の採るべき戦略や施策を検討する。

区分	強み	弱み
機会	④＜積極攻勢＞ 機会を捉え、強みを活かすことにより、どのような事業展開を行うかを記載する。	②＜段階的施策＞ 弱みが原因で機会を逃さないために、どのような施策を実行するかを記載する。
脅威	①＜差別化戦略＞ 強みを活かし、どのように脅威を回避していくかを記載する。	③＜防衛又は撤退＞ 弱みにより、脅威を回避できず最悪な状況に陥らないためにはどのような施策を実行するかを記載する。

① 中国からの低価格製品に対して、アフターフォローサービスを充実させて対抗する。

「強み」と「脅威」の組み合わせである。価格競争にさらされないために、サービスを充実させて顧客満足度をあげ、リフォーム工事の強化をはかる戦略である。

② マンションデベロッパーとの提携を強化する。

「弱み」と「機会」の組み合わせである。マンション建設への納入量を増やすべく、マンションデベロッパーとの関係を強化する戦略である。

③ 低価格競争を回避するため新機能を追加した製品開発を行う。

「弱み」と「脅威」の組み合わせである。価格競争にさらされず、新規顧客獲得のため付加価値のある製品発売を目指す戦略である。

④ 高齢者向けリフォーム工事の取りこぼしのないように営業体制を強化する。

「強み」と「機会」の組み合わせである。今後、受注が見込まれる高齢者向けリフォーム工事の販売力を強化する戦略である。

したがって、④の戦略指針の区分として、最も適切なものは、a)となる。

Chapter 13 年次予算管理

問 13 - 1　解答：C

年次予算の作成の流れに関する問題である。

まずは、マネジメントから各部門への目標売上高、目標利益等が示達される。この示達は、中長期計画をベースとしてなされる。策定根拠となる経済環境や市場動向を中長期計画と照らし合わせながら確認し、予算編成部署は、各部門に通知、説明することになる。よって、Aには「中長期計画」が入る。ただし、企業によっては中長期計画を策定せず、前年度実績をベースに予算を作成することもある。Aには「前年度実績」も入り得るが、最も適切なものとしては、予算策定までの一連の流れを踏まえた「中長期計画」である。

次に、予算編成部署より通知、説明を受けた各部門において予算を策定することになる。予算作成においては、実現可能性を加味しつつ、項目ごとに作成していく。主な項目には、売上予算、製造原価予算、設備投資予算、資金予算等がある。項目が部門をまたぐこともあるので、関係部門との調整も必要になる。この際、予算編成部署は作成に関する指導やサポートを行い、適切な予算が作成できるように努めることが大切となる。よって、Bには「指導やサポート」が入る。

各部門から提出された予算をとりまとめ、総合予算を確定していく。これにより全社としての予算が組まれる。予算編成部署が中心となって行うが、とりまとめにおいては、中長期計画との整合性や部門間の整合性等に留意する。必要があれば、適宜修正をしていく。関係者との調整が済んだら、経営者層の承認を取り、各部門、従業員に通知、説明される。この通知、説明が適正に浸透しないと、実行が覚束ないこともあるので、周知徹底することが大事である。よって、Cには「総合予算」が入る。

【総合予算策定】

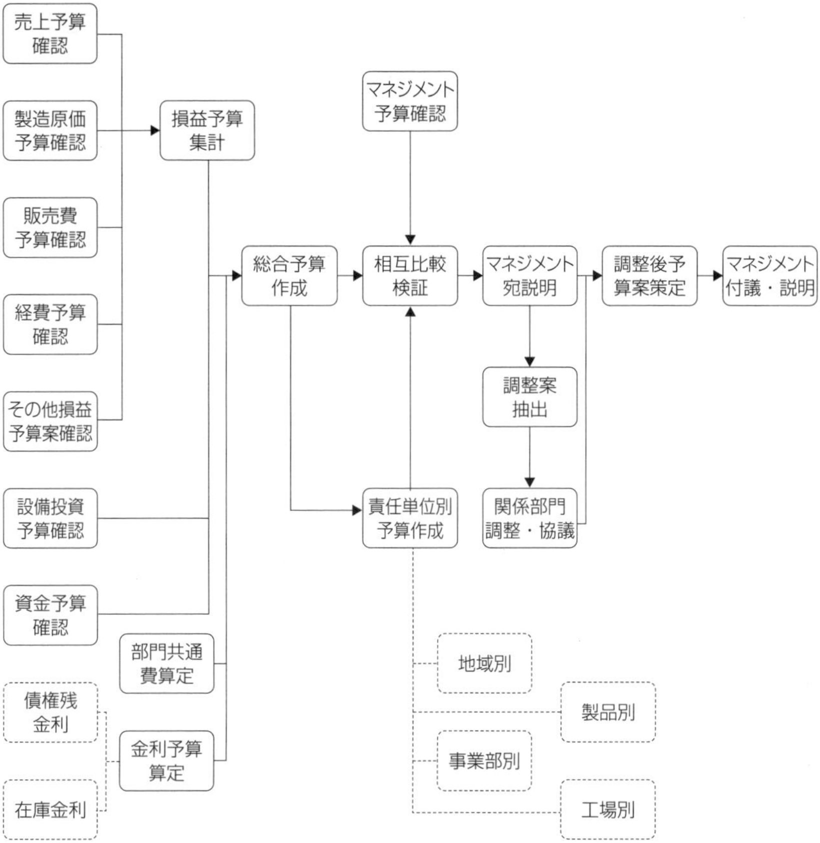

したがって、語句の組み合わせとして、最も適切なものは、c)となる。

問 13 - 2 解答： b

年次予算の策定の理解度を問う問題である。

> ① 予算の設定方式にトップダウン方式がある。これは、トップ・マネジメントの設定した利益目標に基づいて、ライン末端の具体的な目標まで分解するものである。

適切。

経営者の意思を反映させる方式である。

② トップダウン方式は、経営者の意思をライン末端の具体的な目標まで分解されるため、予算設定までに時間がかかるおそれがある。

適切でない。

トップダウン方式は、時間がかかるというよりは、意思決定と予算策定がほぼ同時に行われるため、迅速な予算設定が行える。また、全体として有機的な予算設定となり得るというメリットがある。

③ 予算編成は、経営者の意思を反映させるため、秘書室といった経営者に近い部署が中心となって行うのが最適である。

適切でない。

予算編成の実働部隊は、経営者からの近さではなく、計数を扱う部門が中心とならざるを得ないため、企画部又は経理部等が行うことになる。トップマネジメントに予算編成方針決定のための情報を提供し、その予算編成方針の指示に基づいて、各部門に予算作成を依頼し、ライン部門から集まった予算の調整を行う。

④ 予算期間は、通常は1年とするが、企業の実状に応じて、半期、四半期、月次、週次、日次といった期間でも問題ない。

適切。

予算期間は、予算編成の意義に照らして企業の実状に応じて定める。年度の決算との比較や作成頻度、手間を考慮して1年にしているところが多い。最近は、予算管理制度の普及やITの発達により、半期予算、四半期予算、月次予算を定めているところもある。

したがって、適切でない記述は2つであり、b)となる。

Chapter 14 税効果計算業務

問 14 - 1 解答： b

繰延税金資産と繰延税金負債の理解度を問う問題である。

将来支払うべき法人税等を減額する効果をもつ一時差異を「将来減算一時差異」という。よって、A には「将来減算一時差異」が入る。ちなみに、税務上の繰越欠損金等は、将来減算一時差異と同じ効果があり、税効果会計の対象となるが、会計上と税務上の認識時点の違いである将来減算一時差異とは定義が異なるものである。これらを合わせて「将来減算一時差異等」と言っている。

そして、繰延税金資産は、支払いすぎている税金が将来戻ってくる、すなわち前払税金として資産に計上される。よって、B には「前払税金」が入る。

会計上：費用計上　　税務上：損金不算入（課税所得に加算）

⇩

加算分の税金が増加

⇩

この税金は将来の解消年度に負担させるべき

⇩

税金の前払分を繰延処理

⇩

前払税金費用を計上

⇩

繰延税金資産を計上

一方、将来の法人税額を増額させる効果をもつ一時差異を「将来加算一時差異」という。よって、C には「将来加算一時差異」が入る。

そして、繰延税金負債は、将来支払うことになる、すなわち未払税金として負債に計上される。よって、D には「未払税金」が入る。

会計上：費用未計上　　税務上：損金算入（課税所得から減算）

⇩

減算分の税金が減少

⇩

この税金は将来の解消年度に支払うことになる

⇩

税金の未払分を見越処理

⇩

未払税金費用を計上

⇩

繰延税金負債を計上

したがって、語句の組み合わせとして、最も適切なものは、b)となる。

問 14 - 2　解答：b

税効果会計の仕訳の理解度を問う問題である。

X1 期において税務上損金として認められなかった 200 万円に相当する税額 60 万円（＝ 200 万円×法定実効税率 30%）は、X2 期について税務上損金とされることとなるため、X1 期においてその分が翌期の税金減少に寄与するという意味で、繰延税金資産が計上される。この場合の仕訳は、下記のようになる。

【X1 期の仕訳】

借方科目	金額	貸方科目	金額
繰延税金資産	60	法人税等調整額	60

X2 期においては損金として認められ、会計上と税務上の認識時点の不一致が解消する。X1 期に計上した繰延税金資産を取り崩し、会計上はニュートラル（損益の影響なし）として取り扱うことになる。この場合の仕訳は、下記のようになる。

【X2 期の仕訳】

借方科目	金額	貸方科目	金額
法人税等調整額	60	繰延税金資産	60

なお、損益計算書の末尾を表示すると下記のようになる。

【損益計算書の末尾の表示】　　　　　　（単位：万円）

	×１期	×２期
税引前当期純利益	500	500
法人税、住民税及び事業税	210	90
法人税等調整額	△ 60	60
法人税等合計	150	150
当期純利益	350	350

したがって、最も適切なものはb)となる。

問 14 - 3　解答： b

繰延税金資産の回収可能性の理解度を問う問題である。

繰延税金資産は一種の前払税金なので、将来の会計期間で税金の軽減が見込まれてはじめて資産性が認められ、貸借対照表に計上することができるものである。すなわち、繰延税金資産は将来減算一時差異が解消されるときに課税所得を減少させ、税金負担額を減少させることができると認められる範囲内で計上する。このため、繰延税金資産の回収可能性があるかどうかを検討する必要がある。

① 繰延税金資産の回収可能性があるかどうかを検討するには、下記の３つの要素を加味する必要がある。
- 収益力に基づく課税所得の十分性
- タックスプランニングの存在
- 将来減算一時差異の十分性

適切でない。

繰延税金資産の回収可能性があるかどうかを検討するには、３つの要素を加味する必要がある。

収益力に基づく課税所得の十分性	将来減算一時差異の解消年度課税所得が発生する可能性が高いと見込まれるかどうか検討する。繰越欠損金がある場合には、この繰越がいつまで可能かも合わせてシュミレーションする必要がある。
タックスプランニングの存在	タックスプランニングとは、将来発生する課税所得について、その金額及び発生時期を計画することである。 将来減算一時差異の解消見込年度及び欠損金の繰戻し·繰越し期間に含み益のある固定資産又は有価証券を売却する等、課税所得を発生させるようなタックスプランニングが存在する場合には、将来減算一時差異の解消が見込めると判断できる。ただし、この計画は取締役会等により決定されているなどの具体的な計画であることが必要である。
将来加算一時差異の十分性	将来加算一時差異があり、繰延税金負債が計上されている場合に、解消による加算額により将来減算一時差異の解消額を吸収できるかどうか検討することが必要である。

よって、列挙されている3つの要素の3番目が、「将来減算一時差異の十分性」となっており、不適切な記述である。

> ② 過去3年及び当期の全ての事業年度において、臨時的な原因により生じたものを除いた課税所得が、期末における将来減算一時差異を下回るものの、安定的に生じている場合は、原則として、繰延税金資産の全額について回収可能性がある。

適切でない。

繰延税金資産の回収可能性を判断する際、要件に基づき企業を分類し、当該分類に応じて、回収が見込まれる繰延税金資産の計上額を決定する。

原則として、繰延税金資産の全額について回収可能性があるとされる要件は、次の要件をいずれも満たす企業である。

・過去（3年）及び当期の全ての事業年度において、期末における将来減算一時差異を十分に上回る課税所得が生じている。

・当期末において、近い将来に経営環境に著しい変化が見込まれない。

よって、分類の要件に合致した繰延税金資産の計上額の記載になっておらず、不適切な記述である。

③　一時差異のうち、企業による将来の一定の行為の実施についての意思決定又は実施計画等の存在により、税務上の益金又は損金の算入要件を充足することが見込まれるもので、期末に一定の行為の実施についての意思決定又は実施計画等が存在していないことにより、税務上の益金又は損金の算入要件を充足することが見込まれないもので、税務上の益金又は損金の算入時期が明確でない一時差異を「スケジューリング不能な一時差異」という。

適切。

スケジューリング不能な一時差異の説明に関する記述である。

「スケジューリング不能な一時差異」とは、次のいずれかに該当する税務上の益金又は損金の算入時期が明確でない一時差異をいう。

・一時差異のうち、将来の一定の事実が発生することによって、税務上の益金又は損金の算入要件を充足することが見込まれるもので、期末に将来の一定の事実の発生を見込めないことにより、税務上の益金又は損金の算入要件を充足することが見込まれないもの
・一時差異のうち、企業による将来の一定の行為の実施についての意思決定又は実施計画等の存在により、税務上の益金又は損金の算入要件を充足することが見込まれるもので、期末に一定の行為の実施についての意思決定又は実施計画等が存在していないことにより、税務上の益金又は損金の算入要件を充足することが見込まれないもの

よって、後者の記述通りであるため、適切な記述である。

④　連結手続上生じた将来減算一時差異（未実現利益の消去に係る将来減算一時差異を除く）に係る税効果額は、納税主体ごとに各個別貸借対照表上の繰延税金資産の計上額（繰越外国税額控除に係る繰延税金資産を除く）と合算し、個別税効果と同じ回収可能性を判断し、繰延税金資産の連結財務諸表における計上の可否及び計上額を決定する。

適切。

連結上の税効果に係る繰延税金資産の回収可能性に関する記述である。

連結財務諸表は、各連結会社の個別財務諸表を単純合算した後、一定の必要な連結仕訳を行って作成される。

連結仕訳を行った後に確定される連結上の税引前利益に対応した税金費用が適切に計上されるためには、税効果会計適用後の個別財務諸表における資産・負債と連結財務諸表上における資産・負債の一時差異に係る税効果会計の適用が必要になる。

連結財務諸表固有の一時差異には下記のものがある。

・連結子会社の資産及び負債の時価評価による評価差額

・連結会社間取引から生じる未実現損益消去

・連結会社間の債権債務相殺消去に伴う貸倒引当金の減額修正

・連結上の会計方針の統一に伴う一時差異

これらの連結決算手続上生じた繰延税金資産の回収可能性については、本問の記述通りの検討を行う。

よって、適切な記述である。

したがって、適切な記述は③と④であり、b)となる。

問 14 - 4　解答： c

繰延税金資産の金額を求める計算問題である。

将来減算一時差異に該当する申告調整項目には下記のものがある。

・棚卸資産等の評価損否認

・未払事業税

・貸倒損失否認

・引当金等の繰入限度超過額

・減価償却費限度超過額

・税務上の繰越欠損金（一時差異等に該当）

・繰越外国税額控除（一時差異等に該当）

問題文より一時差異に該当するものと X2 年 3 月期末の将来減算一時差異の金額を求めると下記のようになる。

（単位：千円）

項目	将来減算一時差異		備考
	該当の有無	金額	
棚卸資産評価損	○	200	＝(×1年3月期)発生額700－(×2年3月期)解消額500
貸倒引当金繰入限度超過額	○	500	＝(×2年3月期)発生額500
賞与引当金	○	400	＝(×1年3月期)発生額350－(×2年3月期)解消額350＋(×2年3月期)発生額400
交際費損金不算入額	× （永久差異）	－	
未払事業税	○	550	＝(×1年3月期)発生額450－(×2年3月期)解消額450＋(×2年3月期)発生額550
合計		1,650	

交際費損金不算入額の永久差異とは、税効果会計の対象とならない申告調整項目である。交際費損金不算入額以外には下記のものがある。

・法人税、住民税

・損金にならない延滞税、過怠税等

・損金にならない役員給与

・寄付金の損金不算入額

・受取配当等の益金不算入額

X2 年 3 月期末の繰延税金資産の金額を求めると、

将来減算一時差異合計額 1,650 千円×法定実効税率 30%＝ 495 千円となる。

したがって、c)となる。

Chapter
15 消費税申告業務

問 15 - 1　解答：C

消費税の課税対象、納税義務、税率等に関する知識を確認する問題である。

a）消費税の課税対象は、事業者が対価を得て行う、国内における商品の販売、サービスの提供等及び保税地域から引き取られる外国貨物である。

適切。

消費税の課税対象となるのは、事業として対価を得て行われる、次の取引である。

・国内における資産の譲渡及び貸付け

・国内における役務の提供

・保税地域から引き取られる外国貨物

b）土地や有価証券の譲渡は、課税対象取引ではあるが、消費に負担を求める税という消費税の性格に鑑み、課税の対象としてなじまないことから、非課税取引とされている。

適切。

本来、課税対象となる取引であっても、消費に負担を求める税としての性格から課税の対象としてなじまないものや社会政策的配慮から、消費税を課税しない「非課税取引」が定められている。

非課税取引は、次のような取引である。

1	土地の譲渡、貸付け（一時的なものを除く。）など
2	有価証券、支払手段の譲渡など
3	利子、保証料、保険料など
4	特定の場所で行う郵便切手、印紙などの譲渡

5　商品券、プリペイドカードなどの譲渡
6　住民票、戸籍抄本等の行政手数料など
7　外国為替など
8　社会保険医療など
9　介護保険サービス・社会福祉事業など
10　お産費用など
11　埋葬料・火葬料
12　一定の身体障害者用物品の譲渡・貸付けなど
13　一定の学校の授業料、入学金、入学検定料、施設設備費など
14　教科用図書の譲渡
15　住宅の貸付け（一時的なものを除く。）

c）消費税の納税義務者は、基準期間の課税売上高が 5,000 万円を超える事業者である。

適切でない。

消費税の納税義務者は、その課税期間の基準期間（前々事業年度）における課税売上高が 1,000 万円を超える事業者である。

ただし、基準期間における課税売上高が 1,000 万円以下であっても、特定期間（法人の場合は、原則としてその事業年度の前事業年度開始の日以後 6 カ月の期間）における課税売上高が 1,000 万円を超えた場合は、その課税期間においては課税事業者となる。なお、特定期間における 1,000 万円の判定は、課税売上高に代えて、給与等支払額の合計額により判定することもできる。

d）消費税及び地方消費税の税率は 10%（うち地方消費税率は 2.2%）であるが、酒類・外食を除く飲食料品と定期購読契約の週 2 回以上発行の新聞については、税率が 8%（うち地方消費税率は 1.76%）に軽減される。

適切。

消費税及び地方消費税の税率は次のとおりである。軽減税率は酒類・外食を除く飲食料品と週 2 回以上発行の新聞の定期購読契約に適用される。

	標準税率	軽減税率
消費税率（国税）	7.8%	6.24%
地方消費税率（地方税）	2.2%	1.76%
合計	10.0%	8.0%

問 15 - 2　解答：d

消費税の課税区分（課税取引、非課税取引、不課税（課税対象外）取引、免税取引）に関する知識を確認する問題である。

以下の解説の通りであり、解答はd)である。

給与・賃金の支払い

不課税取引。

給与・賃金は、雇用契約に基づく労働の対価であり、「事業」として行う資産の譲渡等の対価に当たらないため、消費税の不課税（課税対象外）取引である。

損害賠償金の受領

不課税取引。

心身または資産について加えられた損害の発生に伴い受ける損害賠償金は、対価として支払われるものではないため、消費税の不課税（課税対象外）取引である。

ただし、損害賠償金であっても、たとえば次のように対価性がある場合は課税の対象となる。

・損害を受けた製品などの棚卸資産が加害者に引き渡される場合で、その資産がそのままで使用できる場合や、軽微な修理をすれば使用できる場合
・無体財産権の侵害を受けたために受け取る損害賠償金が権利の使用料に相当する場合
・事務所の明渡しが期限より遅れたために受け取る損害賠償金が賃貸料に相

当する場合

住宅の貸付け（期間1カ月以上）

非課税取引。

契約において人の居住の用に供することが明らかにされている住宅（契約において貸付けの用途が明らかにされていない場合にその貸付け等の状況からみて人の居住の用に供されていることが明らかなものを含む。）の貸付けは非課税取引である。

ただし、1カ月未満の貸付けなどは非課税取引には該当せず、課税取引となる。

駐車場の貸付け

課税取引。

土地の貸付けは非課税取引であるが、駐車場などの施設の利用に伴って土地が使用される場合は、非課税取引には該当しない。

したがって、駐車している車両の管理を行っている場合や、駐車場としての地面の整備またはフェンス、区画、建物の設置などをして駐車場として利用する場合は消費税の課税取引となる。

株式の配当金

不課税取引。

株式の配当金や出資の分配金などは、株主や出資者の地位に基づいて支払われるものであって資産の譲渡等の対価として支払われるものではないため、消費税の不課税（課税対象外）取引である。

問15-3　解答：C

消費税額の計算に関する問題である。消費税の計算の全体像を理解するための問題として出題した。本問は非常に難易度が高いので、正解する必要はない。消費税の計算方法を具体的に確認するための事例問題と捉え、消費税に関する理解を深める一助としていただきたい。

（単位：円）

1　課税標準額に対する消費税額の計算

区分	計算過程
課税標準額	（課税標準額の計算） 商品売上高　550,000,000×100/110＝500,000,000 ※土地売却収入は消費税の非課税取引である。
課税標準額に対する消費税額	（課税標準額に対する消費税額の計算） 500,000,000×7.8%（国税分の税率）＝39,000,000

2　仕入控除税額の計算

区分	計算過程
課税売上割合	（課税売上割合の計算） ①課税売上高　　500,000,000 ②非課税売上高　300,000,000 ③課税売上割合 　＝①÷（①＋②） 　＝ 500,000,000÷（500,000,000＋300,000,000） 　＝ 62.5%
課税仕入れ等の税額	（課税仕入れ等の税額） ④課税売上げにのみ要するもの 　商品仕入高　330,000,000×7.8/110＝23,400,000 ⑤非課税売上げにのみ要するもの 　支払手数料（土地売却）9,900,000×7.8/110＝702,000 ⑥課税売上げと非課税売上げに共通して要するもの 　賃借料（本社建物）44,000,000×7.8/110＝3,120,000 ※給与の支払いは不課税取引である。
控除対象仕入税額	（個別対応方式による控除対象仕入税額の計算） ④＋⑥×③ ＝23,400,000＋3,120,000×62.5% ＝25,350,000

3　消費税（国税）の計算

区分	計算過程
差引税額	（差引税額の計算） 課税標準額に対する消費税額－控除対象仕入税額 ＝39,000,000－25,350,000 ＝13,650,000
納付税額（国税）	（中間納付額（国税分）） 6,650,000－1,463,000＝5,187,000 （確定申告による納付税額（国税）） 差引税額－中間納付額 ＝13,650,000－5,187,000 ＝8,463,000

4　地方消費税の税額の計算

区分	計算過程
地方消費税（年税額）	（地方消費税の課税標準額となる消費税） 消費税の差引税額（国税の年税額）　13,650,000 （地方消費税の年税額） 13,650,000×（地方消費税率）22/78＝3,850,000
確定納付すべき 地方消費税額	（中間納付額（地方税分）） 1,463,000 （確定納付すべき地方消費税額） 年税額－中間納付額 ＝3,850,000－1,463,000 ＝2,387,000

5　消費税及び地方消費税の計算

区分	計算過程
確定申告により納付すべき消費税及び地方消費税	（確定申告により納付すべき消費税及び地方消費税の計算） 8,463,000（国税）＋2,387,000（地方税） ＝ 10,850,000

問 15 - 4　解答：d

消費税の仕入税額控除に関する知識を確認する問題。

> a） 課税期間における課税売上高が5億円以下で課税売上割合が95%以上の場合は、その課税期間の課税仕入れ等に係る消費税額の全額を控除することができる。

正しい。

消費税の納付税額は、課税期間中の課税売上げに係る消費税額からその課税期間中の課税仕入れ等に係る消費税額（仕入控除税額）を控除して計算する。

仕入控除税額の計算方法は、①その課税期間中の課税売上高が5億円以下、かつ、課税売上割合が95%以上の場合と、②その課税期間中の課税売上高が5億円超または課税売上割合が95%未満の場合とで異なり、①の場合は、その課税期間中の課税仕入れ等に係る消費税額の全額を控除することができる。

②の場合は、課税仕入れ等に係る消費税額の全額を控除するのではなく、課税売上に対応する部分のみを、個別対応方式または一括比例配分方式のいずれかの方式によって計算し、仕入控除税額とすることとされている。

> b） 仕入控除税額を個別対応方式により計算するか一括比例配分方式により計算するかは納税者が選択できるが、一括比例配分方式を選択した場合には、2年間以上継続して適用した後でなければ、個別対応方式に変更することはできない。

正しい。

仕入控除税額を計算する方法には、個別対応方式と一括比例配分方式とがあり、一括比例配分方式を選択した場合には、2年間以上継続して適用した後でなければ、個別対応方式に変更することはできない。なお、個別対応方式から一括比例配分方式への変更には、このような制約はない。

なお、個別対応方式と一括比例配分方式について計算方法を説明すると、それぞれ以下のとおりである。

① 個別対応方式

個別対応方式は、その課税期間中の課税仕入れを以下の3つに区分し、次の計算式により仕入控除税額を計算する方法である。

・課税売上げにのみ対応する課税仕入れ

・非課税売上げにのみ対応する課税仕入れ

・課税売上げと非課税売上げに共通して要する課税仕入れ

仕入控除税額＝ （課税売上げにのみ対応する課税仕入れに係る消費税額）＋（課税売上げと非課税売上げに共通して要する課税仕入れに係る消費税額×課税売上割合）

② 一括比例配分方式

一括比例配分方式は、次の計算式により仕入控除税額を計算する方法である。

仕入控除税額＝ （その課税期間中の課税仕入れに係る消費税額の合計額）×（課税売上割合）

c） 課税売上割合とは、その課税期間中の国内における課税資産の譲渡等の対価の額の合計額（分子）を国内において行った資産の譲渡等の対価の額の合計額（分母）で除して計算した割合をいう。この場合、輸出免税売上高は分子および分母の両方に含める。

正しい。

課税売上割合とは、仕入控除税額を計算する場合に用いられ、次の算式により計算した割合をいう。

$$\text{課税売上割合}=\frac{\text{課税期間中の課税売上高（税抜き）}}{\text{課税期間中の総売上高（税抜き）}}$$

分母の総売上高は、国内における資産の譲渡等の対価の額の合計額であり、課税売上高、輸出免税売上高および非課税売上高の合計額となる。

一方、分子の課税売上高は、国内における課税資産の譲渡等の対価の額の合計額であり、課税売上高と輸出免税売上高の合計額となる。

よって、輸出免税売上高は分子と分母の両方に含まれる。

d）課税売上割合を計算する際、株式の譲渡については、株式譲渡益の5%を非課税売上高とする。

誤り。

有価証券等の譲渡は非課税取引であるが、課税売上割合の計算において、分母の総売上高に加えるのは有価証券の譲渡対価の額ではなく、譲渡対価の額の5%に相当する金額とされている。つまり「株式譲渡益の5%」は誤り。「株式の譲渡対価の5%」とするのが正しい。

問 15 - 5　解答：d

消費税の簡易課税制度について問う問題。

簡易課税制度は、事業者の納税事務の負担等を軽減するための制度で、消費税の納付税額を計算する際に、実際の課税仕入れ等の税額を計算することなく、課税標準額に対する消費税額にみなし仕入率と呼ばれる業種毎に定められた一定の率を乗じることにより簡便に仕入控除税額を計算するものである。

a）簡易課税制度の適用を受けたい場合は、その適用を受けたい課税期間の前課税期間中に簡易課税制度選択届出書を提出する必要がある。ただし、事業を開始した課税期間については、その課税期間中に届出書を提出すれば、その課税期間から適用を受けられる。

正しい。

簡易課税制度の適用を受けたい場合は、適用を受けようとする課税期間の初日の前日まで（事業を開始した日の属する課税期間である場合には、その課税期間中）に、納税地の所轄税務署長に簡易課税制度選択届出書を提出する必要がある。

b）簡易課税制度は、課税標準額に対する消費税額にみなし仕入率を乗じて簡便に仕入控除税額を計算する方法である。

正しい。

簡易課税制度では、仕入控除税額は、課税標準額に対する消費税額に、事業の種類の区分（事業区分）に応じて定められたみなし仕入率を乗じて算出する。簡易課税制度では、課税売上高が確定すれば同時に仕入控除税額が確定するため、課税仕入れに係る消費税額を計算することなく、消費税額が確定する。

仕入控除税額＝課税標準額に対する消費税額×みなし仕入率

c） 飲食店業は、第 4 種事業に該当し、みなし仕入率は 60%である。

正しい。

みなし仕入率は、業種を卸売業、小売業、製造業等、サービス業等、不動産業及びその他の事業の 6 つに区分し、それぞれの区分ごとに以下のとおり定められている。飲食店業は、第 4 種事業に該当する。

【みなし仕入率】

売上げ区分	内　容	みなし仕入率
第一種事業（卸売業）	卸売業（他の者から購入した商品をその性質、形状を変更しないで他の事業者に対して販売する事業）	90%
第二種事業（小売業）	小売業（他の者から購入した商品をその性質、形状を変更しないで販売する事業で第一種事業以外のもの）	80%
第三種事業（製造業等）	農業、林業、漁業、鉱業、建設業、製造業（製造小売業を含む）、電気業、ガス業、熱供給業及び水道業をいい、第一種事業、第二種事業に該当するもの及び加工賃その他これに類する料金を対価とする役務の提供を除く。	70%
第四種事業（その他の事業）	第一種、第二種、第三種、第五種及び第六種事業以外の事業をいい、具体的には、飲食店業など。	60%
第五種事業（サービス業等）	運輸通信業、金融・保険業、サービス業（飲食店業に該当する事業を除く）をいい、第一種から第三種までの事業に該当する事業を除く。	50%
第六種事業（不動産業）	不動産業	40%

d) 簡易課税制度選択届出書を提出している場合、基準期間における課税売上高が 5,000 万円以下であれば、簡易課税と原則課税の有利な方を選択して申告することができる。

誤り。

簡易課税制度を選択した事業者は、簡易課税と原則課税のうち、有利な方を選択できるわけではない。すなわち、その課税期間の基準期間（個人事業者は前々年、法人は前々事業年度）における課税売上高が 5,000 万円以下である場合には、必ず簡易課税制度により申告しなければならず、一方、基準期間が 5,000 万円を超える場合は、必ず原則課税により申告しなければならない。

問 15 - 6　解答：c

消費税の確定申告、中間申告についての知識を確認する問題である。

a) 消費税の確定申告書は、株主総会の日の翌日から起算して 2 カ月以内に提出しなければならない。

誤り。

課税事業者は、課税期間ごとにその課税期間の終了の日の翌日から 2 カ月以内に、納税地を所轄する税務署長に消費税の確定申告書を提出するとともに、その税金を納付しなければならない。「株主総会の日の翌日から起算して」の部分が誤り。

課税期間とは、通常はその法人の事業年度であるが、特例として届出をすることにより、1 課税期間を 3 カ月又は 1 カ月に短縮することができる。

b) 法人税の確定申告書の提出期限の延長の特例の適用を受けている法人は、消費税の提出期限も 1 カ月延長される。

誤り。

法人税の特例を受けている法人は自動的に消費税の申告期限も延長されると

いうわけではなく、消費税の申告期限の延長についても所定の手続きが必要である。

すなわち、法人税の申告期限の延長の特例の適用を受ける法人は、納税地を所轄する税務署長に消費税申告期限延長届出書を提出した場合、その提出をした日の属する事業年度以後の各事業年度終了の日の属する課税期間に係る消費税の確定申告の期限も1カ月延長される。たとえば3月決算法人の場合は、消費税の申告期限は、本来5月末であるところ、1カ月延長されて6月末が申告期限となり、法人税と消費税を同時に申告することが可能となる。

c） 直前期の確定消費税額（地方消費税を除く）が4,000万円の場合、消費税の中間申告回数は年3回である。

正しい。

消費税の中間申告の回数についてのルールは以下のとおりである。

【消費税の中間申告の回数】

直前の課税期間の消費税（国税）の年税額	中間申告の回数
48万円以下	・中間申告不要。 ・届出をした場合には、自主的に中間申告・納付をすることができる。
48万円超～400万円以下	・中間申告は年1回（例えば3月決算の場合は11月が申告月である。） ・中間納付税額（予定申告の場合）は直前の課税期間の確定消費税額（地方消費税を含む）の6/12の額。
400万円超～4,800万円以下	・中間申告は年3回（例えば3月決算の場合は8月、11月、2月が申告月となる。） ・1回の中間納付税額（予定申告の場合）は直前の課税期間の確定消費税額（地方消費税を含む）の3/12の額。
4,800万円超	・中間申告は年11回（最後の1回は翌期の最初の月が申告月となる。） ・1回の中間納付税額（予定申告の場合）は直前の課税期間の確定消費税額（地方消費税を含む）の1/12の額。

d） 消費税の中間申告書の提出期限を過ぎてから仮決算による中間申告書を提出した場合、無申告加算税が課される。

誤り。

中間申告には、前期の実績額を基礎として計算する方法（予定申告という）と、仮決算に基づいて計算する方法の2種類がある。

消費税の中間申告書の提出期限までに申告書の提出がなかった場合、前期実績を基礎として計算する予定申告書の提出があったものとみなされるため、仮決算に基づく中間申告書は提出期限を過ぎて提出することはできない。また、予定申告書の提出があったものとみなされるため、無申告加算税が課されることもない（ただし、納税が遅れた場合には延滞税は課される）。

Chapter 16 法人税申告業務

問 16 - 1　解答：b

わが国の法人税は、会社が自ら税法に従って所得金額と税額を正しく計算し納税するという申告納税制度を採っている。この申告方法には、白色の申告用紙を使う白色申告と青色の申告用紙を使う青色申告とがある。

本問は、この青色申告に関する知識を確認する問題である。

> a）法人税の申告を青色申告で行うには、事前に税務署長の承認を受ける必要がある。

正しい。

青色申告をするためには、事前に青色申告の承認申請書を納税地の所轄税務署長に提出し、その承認を受けることが必要である。

青色申告の承認を受けていない場合は白色申告となり、白色申告の場合は、簡易な帳簿の作成、取引関係書類及び決算関係書類の保存が義務付けられている。

> b）法人税の申告において、欠損金の繰越控除、法人税の軽減税率の適用、租税特別措置法に基づく特別償却等のメリットを受けることができるのは、青色申告の場合に限られる。

誤り。

資本金 1 億円以下の中小企業が 800 万円以下の課税所得金額に対する軽減税率（15%）の特例は、白色申告の法人も適用を受けることができる。

青色申告法人は、次のような特典を受けることができる。

- 欠損金の繰越控除
- 欠損金の繰戻しによる法人税額の還付
- 租税特別措置法に基づく特別償却、割増償却

・租税特別措置法に基づく税額控除

・推計による更正・決定の禁止、更正通知書への更正の理由の付記等

c) 青色申告をする会社は、所定の事項を記載した仕訳帳、総勘定元帳その他の帳簿等を作成し、取引の裏付けとなる証ひょう書類等とともに保存することが必要である。

正しい。

青色申告法人は、法人税法の定める帳簿書類(所定の事項を記載した仕訳帳、総勘定元帳その他必要な帳簿、棚卸表、貸借対照表・損益計算書、取引の裏付となる証ひょう書類等)を備え付けて保存することが必要である。

d) 法人税の申告を2期連続で申告期限後に行うと、青色申告の承認が取り消される。

正しい。

無申告や期限後申告など、2事業年度連続で申告期限内に確定申告書を提出しなかった場合、税務調査のときに帳簿書類の提示を要求されたのにも関わらず、それに応じない場合、隠蔽・仮装による多額の不正所得金額がある場合等は青色申告の承認の取消しの対象になる。

問 16-2　解答：d

日々の経理業務において、法人税や消費税の税務の観点から注意すべきポイントは何か確認する問題である。

a) 「交際費」勘定や「寄附金」勘定で処理しない経費支出の中に、法人税法上の交際費等や寄附金に該当するものがないか。

適切。

法人税法上の交際費等とは、得意先や仕入先その他事業に関係のある者に対する接待、供応、慰安、贈答などの行為のために支出する費用をいい、原則としてその全額が損金不算入とされる。一方、法人税法上の寄附金とは、金銭、

物品その他経済的利益の贈与または無償の供与をいい、損金算入できるのは一定の限度額までとされている。

交際費も寄附金も、法人税の計算をするうえで不利な取り扱いになることから、接待、供応（交際費）や利益供与（寄附金）を目的とした支出が、「交際費」勘定や「寄附金」勘定以外の勘定科目で処理されていないか、よく確認する必要がある。

b）消耗品等を取得した場合に、資産計上する必要があるかどうか。

適切。

一定の金額（一般に 10 万円または 20 万円）以上の備品や消耗品は、固定資産管理規程等にしたがって、資産計上をする必要がある。資産計上すべきものを費用として処理したり、費用として処理すべきものを資産計上したりすると、会計上の利益だけでなく、税務上の所得金額にも影響を及ぼすことになるため、日々の経理業務の中で正しく処理するよう注意しなければならない。

c）資産の取得や売却、雑収入の計上等があった場合に、消費税が正しく処理されているか。

適切。

資産の取得・売却、雑収入の計上等、イレギュラーな取引があった場合には、特に消費税の処理が正しく処理されているか注意を払う必要がある。

たとえば次の仕訳のように、機械を売却して固定資産売却益が計上される仕訳の場合、この取引に係る消費税の課税売上高は、固定資産売却益の 700,000 円ではなく、売却の対価である 1,000,000 円である。消費税の課税区分の取扱いは、各社で採用している会計システムの入力方法のルールによるところが大きいので、毎日の経理業務の中で誤った処理を行わないよう注意しなければならない。

借方科目	金額	貸方科目	金額
現　　　金	1,000,000	機　械　装　置 固定資産売却益	300,000 700,000

d） 資産の取得や経費の支出に関し、事前に社内承認を受けているかどうか。

適切でない。

資産の取得や経費の支出に関し、事前に社内承認を受けているかどうかは、内部統制上の問題であって、税務の観点から注意すべきポイントとはいえない。

問 16 - 3　解答：a

法人税の所得金額の計算、法人税額の計算を具体的に確認するための問題として出題した。本問は難易度が高いので、正解する必要はない。法人税の計算方法を具体的に確認するための事例問題と捉え、法人税計算の全体像に関する理解を深める一助としていただきたい。

法人税法上の所得は、企業会計上の利益に、法人税法や租税特別措置法の規定に基づき所定の項目を加算・減算することによって計算する。

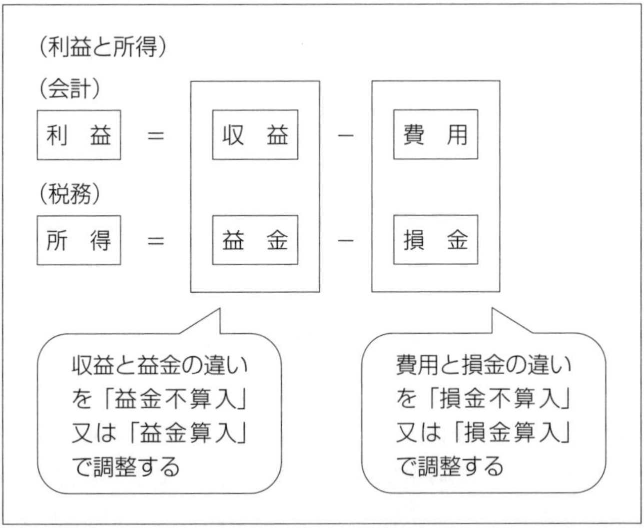

主な調整項目は以下のとおりである。

① 主な加算調整項目

・損金経理した法人税、地方法人税、法人住民税

・損金経理した納税充当金

・損金経理した附帯税（利子税を除く）、加算金等

・退職給付引当金繰入額

・減価償却の償却超過額

・繰延資産の償却超過額

・役員給与の損金不算入額

・交際費等の損金不算入額

・寄附金の損金不算入額　など

② 主な減算調整項目

・納税充当金から支出した事業税等

・受取配当等の益金不算入額

・欠損金の当期控除額　など

本問の所得金額の計算をすると以下のとおりである。

（単位：円）

①	当期純利益	30,000,000
②	損金経理した法人税・地方法人税・住民税	＋ 6,600,000
③	納税充当金から支出した事業税等	△ 1,400,000
④	交際費の損金不算入額	＋ 6,700,000
⑤	受取配当等の益金不算入額	△ 900,000
⑥	減価償却の償却超過額	＋ 1,800,000
⑦	退職給付引当金繰入超過額	＋ 3,500,000
	所得金額	46,300,000

○「損金経理した法人税・地方法人税・法人住民税」とは、具体的には、損益計算書上「法人税、住民税及び事業税」に計上された、中間納付、修正申告等で納付した法人税、地方法人税、法人住民税を意味し、損金不算入であるので、加算調整する。

※本問では採りあげていないが、損金経理した事業税、特別法人事業税は、損益計算書上「法人税、住民税及び事業税」に計上された、中間納付、修正申告等により納付した事業税、特別法人事業税であり、これらは損金算

入できるので、税務調整は不要である。

○「納税充当金から支出した事業税等」とは、主として前期分確定申告に係る確定納付の事業税、特別法人事業税で、納税時に未払法人税等勘定を取り崩して仕訳処理したものを意味する（下の仕訳参照）。すなわち、損益計算書上、当期の費用には計上されていないが、法人税の計算上は損金に算入すべきものであるので、減算調整をする必要がある。

※本問では取りあげていないが、納税充当金から支出した法人税、地方法人税、法人住民税（主として前期分確定納付の法人税、地方法人税、法人住民税）は、上述の事業税等の場合と同様に、納付時に以下のような仕訳が計上されており、損益計算書上、当期の費用には計上されていないのであるが、法人税の計算上はそもそも損金不算入とすべきものであるので、税務調整は不要である。

（納付時の仕訳）

借方科目	金額	貸方科目	金額
未払法人税等	100,000	普通預金	100,000

上記の所得金額をもとに法人税額の計算をすると以下のとおりである。

当社は期末資本金額 8,000 万円であり、資本金 1 億円以下で、かつ大会社の関係会社等ではない内国普通法人であるので、課税所得 800 万円まで中小企業の軽減税率（15%）を適用できる。それを超える部分は 23.2%の税率が適用される。

（単位：円）

① 課税所得 800 万円まで
8,000,000×15%＝1,200,000
② 課税所得のうち 800 万円超の部分
(46,300,000－8,000,000)×23.2%＝8,885,600
③ 法人税額＝①＋②＝10,085,600

したがって、法人税額は 10,085,600 円となり解答は a)となる。

問16－4　解答：a

法人税の確定申告に関する知識を確認する問題である。

> a）法人税の確定申告書は、原則として事業年度終了の日の翌日から3カ月以内に提出しなければならない。

適切でない。

法人は、原則として各事業年度終了後2カ月以内（3月決算法人の場合は5月末）に、確定した決算に基づき、所轄税務署長に確定申告書を提出し、申告書に記載した税額を納付しなければならない。

ただし、株主総会の開催日を定款で決算日から3カ月以内と決めているとき等、決算が2カ月で確定しない場合には、所轄税務署長に申請して承認を受けることにより、申告期限を1カ月延長できる（3月決算法人の場合は申告期限が6月末に延長される）。このため、上場企業などはこの申告期限の延長の承認を受けていることが通常である。

> b）資本金1億円超の会社は、法人税の申告書を電子申告で提出しなければならない。

適切。

資本金の額等が1億円超の株式会社の場合、法人税、地方法人税、消費税等、法人事業税、法人住民税の申告は、確定申告書、中間（予定）申告書、仮決算の中間申告書、修正申告書及び還付申告書等の申告書及び添付書類を電子申告により提出しなければならないこととされている。

> c）法人税の確定申告書には、貸借対照表、損益計算書、株主資本等変動計算書、勘定科目内訳明細書、事業概況書、適用額明細書等を添付して提出しなければならない。

適切。

法人の確定申告書には、次の書類を添付して提出しなければならない。

・決算報告書（貸借対照表、損益計算書、株主資本等変動計算書）
・勘定科目内訳明細書
・事業概況書（法人事業概況説明書または会社事業概況書）
・適用額明細書（租税特別措置を適用する場合）

d）法人税の確定申告書を正当な理由なく申告期限までに提出しない場合、無申告加算税を課される。

適切。

災害、交通・通信の途絶その他期限内に申告書を提出しなかったことについて真にやむを得ない正当な理由があると認められる場合を除き、法人税の確定申告書を申告期限までに提出しない場合は、無申告加算税を課される。無申告加算税は、納税額に対して50万円までは15%、50万円を超える部分は20%の割合で計算される。

問16-5　解答：b

法人事業税についての知識を確認する問題である。

a）法人事業税は、法人が自ら税額を計算し、申告を行う都道府県税である。

正しい。

事業税は、法人の事業及び個人の一定の種類の事業に対して、その法人又は個人の事務所等がある都道府県が課す地方税である。法人に課す事業税を特に法人事業税、個人に課す事業税を特に個人事業税と呼ぶ。

事業税は、賦課課税方式（国・地方公共団体が税額を計算して納税者に通知し、課税する方式）の税金ではなく、申告納税方式（自分で納めるべき税額を計算して申告・納税する方式）の税金である。

b）期末資本金が1億円超の法人は、事前に届出を行うことにより外形標準課税の適用を受けることができる。

誤り。

資本金が1億円を超える普通法人は、事業税として所得割のほかに、付加価値割及び資本割が課される。付加価値割は、報酬給与、純支払賃借料、純支払利子と単年度損益を課税標準とし、資本割は資本金等の額を課税標準として課税される。これらは、大企業の所得が低い場合でも安定した地方財源を確保することができるよう導入されたもので、外形標準課税と呼ばれる課税方式である。

ところで、外形標準課税は資本金の額により自動的に適用されるかどうかが決まり、法人が適用を受けるかどうかを選択できるわけではない。よって、本肢は誤り。

c） 外形標準課税が適用される場合、事業税は所得割と付加価値割と資本割の合計となり、損益計算書上、所得割は「法人税、住民税及び事業税」に含めて表示し、付加価値割と資本割は販売費及び一般管理費の「租税公課」に含めて表示する。

正しい。

外形標準課税が適用される法人の場合、事業税として課税されるのは所得割と付加価値割と資本割の3つであり、このうち、特に外形標準課税の方法により計算されるのは付加価値割と資本割の2つである。

損益計算書上、所得割は所得を課税標準として課される税金であるから、「法人税、住民税及び事業税」に含めて表示し、一方、付加価値割と資本割は、所得を課税標準として課される税金ではないので、販売費及び一般管理費の「租税公課」に含めて表示する。

d） 複数の都道府県に事務所を有する法人は、それぞれの都道府県に法人事業税の申告・納付を行わなければならない。

正しい。

法人事業税は、事務所等の住所のある都道府県において課される地方税である。

このため、2以上の都道府県に事務所を有する法人は、それぞれの都道府県に法人事業税の申告・納付を行わなければならない。この場合、法人は、課税標準額を都道府県毎の従業者数・事業所数等、業種ごとに定められた所定の割合で分割して都道府県毎の税額を計算することになる。

Chapter 17 連結納税申告業務（グループ通算税制）

問 17 - 1　解答：C

本問は、連結納税制度とグループ通算制度の異同を確認する問題。

グループ通算制度は、令和 4 年（2022 年）4 月 1 日以後に開始する事業年度から連結納税制度が模様替えされた新制度で、従来の連結納税制度と同様、完全支配関係のある企業グループ内で損益通算及び欠損金の通算を可能としつつ、その企業グループ内の各法人を納税単位として、各法人が法人税額の計算及び申告を行う制度である。

旧制度と新制度を比較すると以下の表のとおりである。

【連結納税制度とグループ通算制度の比較】

	連結納税制度	グループ通算制度
制度の強制具合	選択適用	同左
適用対象	親法人（内国法人）と完全支配関係のある全ての子法人（外国法人等を除く）	同左
申告	親法人が申告する。 大法人は電子申告が義務。	各法人が個別に申告する。 資本金額にかかわらず、各法人とも電子申告が義務。
納税	親法人が納税する（連帯納付義務あり）	各法人が個別に納税する（連帯納付義務あり）
修正申告	親法人が修正申告を行う。修正申告、更正等の場合はグループ全体で再計算が必要。	各法人が個別に修正申告を行う。修正申告、更正等の場合はその法人のみ再計算する（損益通算額を当初申告額に固定するためグループ内の他社には影響しない）。
地方税・消費税等	法人事業税、特別法人事業税、法人住民税、消費税及び地方消費税は各法人毎に個別に税額計算し、申告・納税を行う。	同左

a） 連結納税制度は親会社がグループ全体の申告・納税を一括して行うが、グループ通算制度では原則として各法人が個別に申告・納税を行う。

b） 修正申告をする場合、連結納税制度では親法人がグループ全体で再計算を行って修正申告を行う必要があるが、グループ通算制度では、各法人が個別に修正申告を行う。

a)、b)とも正しい。

グループ通算制度では、連結納税制度のメリットであるグループ内損益通算の仕組みは維持しつつ、原則としてグループ内の各法人が個別に申告・納付を行う方式に変更され、また、税務調査等でグループ内のいずれかの法人の所得金額が事後的に異動した場合もグループ全体に影響が波及しないように見直され、企業の事務負担の軽減が図られている。

c） 制度の適用を受けようとする場合、連結納税制度は、親法人と完全支配関係があるすべての子法人が連名で制度適用の承認申請を行う必要があるが、グループ通算制度は、親法人と適用を受けようとする子法人が個別に承認申請を行う。

誤り。

制度の適用を受けるためには、旧制度も新制度も、適用を開始しようとする事業年度開始の日の3カ月前までに、親法人および親法人と完全支配関係があるすべての子会社が連名で国税庁長官に承認申請書を提出し、承認を受ける必要がある。

d） 連結納税制度もグループ通算制度も、地方税や消費税等は、各法人ごとに個別に税額を計算し、申告・納税する。

正しい。

法人事業税、特別法人事業税、法人住民税、消費税及び地方消費税は、グループ内の各法人が個別に税額計算し、申告・納税を行う必要がある。

問 17 - 2　解答：d

グループ法人税制（完全支配関係がある法人の間の取引に関する税制）に関する知識を問う問題。

この税制は、納税者が選択適用できるグループ通算制度とは異なり、100％グループ内の法人が行う一定の取引等に強制的に適用される一連の税制である。

中小企業優遇税制の適用の制限、100％グループ内の内国法人からの受取配当金の益金不算入、100％グループ内の内国法人間の特定の資産の譲渡損益の繰延べ、100％グループ内の内国法人間の寄附金・受贈益の損金・益金不算入の取扱い等がある。

> a）親会社が 100％子会社に対して寄附金を支出した場合、その寄附金の額は親会社の損金の額に算入されず、その寄附金の額に対応する受贈益の額は子会社の益金の額に算入されない。

正しい。

内国法人が完全支配関係のある他の内国法人に対して寄附金を支出した場合、支出した法人は寄附金の全額が損金不算入となる一方で、受領した法人は受け取った寄附金の全額が益金不算入となる。

> b）親会社が 100％子会社から受け取った配当については、負債利子を控除せずに全額が益金不算入とされる。

正しい。

親会社が 100％子会社から受け取った受取配当金の益金不算入額の計算にあたっては、負債利子を控除せず、そのまま全額を益金不算入とする。

> c）資本金 5 億円以上の大法人の 100％子会社は、資本金の額が 1 億円以下であっても、年 800 万円以下の所得に対する法人税の軽減税率（中小企業向けの特例措置）の適用を受けることはできない。

d) 資本金 5 億円以上の大法人の 100%子会社は、資本金の額が 1 億円以下である場合は、交際費の年 800 万円（定額控除限度額）の損金算入制度（中小企業向けの特例措置）の適用を受けることができる。

c)は正しく、d)は誤り。

資本金が 5 億円以上の大法人の 100％子会社等は、資本金が 1 億円以下であったとしても、たとえば次のような中小企業の税制特例の適用を受けることはできない。

・法人税の軽減税率

・貸倒引当金の法定繰入率

・交際費等の損金不算入制度における定額控除制度

・欠損金の繰戻しによる還付

Chapter 18 税務調査対応

問 18 - 1　解答：C

税務調査全般に関する知識を確認する問題。

> a）納税者には税務調査に対する受忍義務があり、たとえ任意調査であっても、調査を完全に拒否することはできない。

正しい。

受忍義務とは、納税者が税務調査を受けなければならない義務のことをいう。法人税法には調査官に質問検査権があることが明記され、これに対し納税者は調査を受けることについて受忍義務があるとされている。すなわち、会社には調査を受ける義務があり、日程調整等をすることは可能であっても、税務調査そのものを完全に断ることはできない。

よって、正しい。

> b）調査官が会社に出向いて行う調査のことを実地調査といい、実務上、単に「調査」という場合は、この実地調査のことをいう場合が多い。

正しい。

税務調査には以下のような種類がある。実地調査とは、調査官が実際に会社に出向いて行う調査のことをいい、実務上、単に「調査」という場合は、実地調査のことをいうことが多い。

種類	内容
準備調査	税務署内で行われる机上の調査
呼出調査	文書で納税者を税務署に呼び出して質問をする調査
実地調査	調査官が会社に出向いて行う調査

現況調査	無予告で行われる実地調査で、いわゆる「抜き打ち調査」。現金商売などの場合に行われることがある。
反面調査	調査対象会社の取引先等に対して行う取引事実を確認するための調査
銀行調査	調査対象会社の取引銀行に対し取引の内容を調べるために行う調査

c）税務調査を受けたことにより調査官から指摘を受けた事項については必ず修正申告をしなければならない。

誤り。

修正申告とは、税務申告の内容が誤っていたため、納付する税金が少なすぎたり、還付される税金が多すぎたりした場合に、誤った内容を訂正して申告をし直すことをいう。

ところで、税務調査の結果、調査官の指摘事項について、会社と調査官との間で法令の解釈や事実の認定に隔たりがあり、会社として受入れることができない場合もある。このような場合は、会社は義務的に修正申告に応じる必要はなく、修正申告に応じないことを検討することになる。会社が修正申告に応じなかった場合、税務署は、その判断によって職権による更正を行うことになる。

なお、この更正に対しては、「再調査の請求」「国税不服審判所に対する審査請求」「裁判所への訴訟の提起」という救済手段が納税者に用意されている。

d）税務署長が職権で課税処分を行うことを更正という。更正処分をした税務署長に対してその処分の取消しや変更を求めて不服を申し立てることを再調査の請求といい、また、国税不服審判所長に対して税務署長の行った処分の取消しや変更を求めて不服を申し立てることを審査請求という。

正しい。

税務署が職権で強制的に課税処分を行うことを更正という。この更正処分は強制的なものであるので、納税者には次のような救済手段が用意されている。

① 再調査の請求

納税者は、国税に関する不服申立てを行なう場合、原則として、まずその処分を行なった税務署長等に対して、処分の通知を受けた日から3カ月以内に再調査の請求書を提出することができる。これを再調査の請求という。

② 審査請求

納税者は、異議申立てにかかる決定を受け、なおその決定に不服がある場合、再調査決定書の謄本の送達があった日から1カ月以内（※）に、国税庁の内部の組織である国税不服審判所長に対し、税務署長の行った処分の取消しや変更を求めて不服を申し立てることができる。これを審査請求という。

※なお、再調査の請求から3カ月を経過しても再調査の請求に係る決定がない場合には、国税不服審判所長に対して審査請求を行うことができる。

③ 訴訟

納税者は、この国税不服審判所の裁決についてなお不服がある場合は、裁判所に訴えを提起することができる。この訴えは、国税不服審判所の裁決があったことを知った日から6カ月以内（※）に裁判所に提起する必要がある。

※なお、審査請求から3カ月を経過しても裁決がない場合には、裁判所に訴訟を提起することができる。

問 18 - 2　解答： b

更正、修正申告等があった場合に課される附帯税についての知識を問う問題である。

> a） 過少申告加算税は、当初の申告が過少だったことに対するペナルティであり、修正申告等により納付することとなった税額の10%（期限内申告税額と50万円のいずれか多い額を超える部分は15%）である。

適切。

過少申告加算税とは、税務調査の結果、期限内に提出した法人税、地方法人税、消費税等の国税の申告納税額が過少であったため修正申告書の提出又は更正があった場合に課せられる加算税の一種である。地方税の場合は、同様の趣旨の附帯税として過少申告加算金がある。

過少申告加算税の税額は、修正申告又は更正により納付する税額(増差税額)×10%である。ただし、増差税額のうち期限内の申告税額または50万円のいずれか多い金額を超える部分は15%となる。

b) 延滞税は、税額の納付が遅延したことに対する利息としての意味合いのあるペナルティであり、納付した事業年度の所得の金額の計算上、損金算入することができる。

適切でない。

延滞税は、所得の金額の計算上、損金に算入することはできない。

延滞税は、法定納期限までに税金を納付しなかった場合に課される附帯税で、税額の納付が遅延したことに対する利息としての意味合いがある。

延滞税の割合（率）は、納期限までの期間及び納期限の翌日から2カ月を経過する日までの期間については、年「7.3%」と「延滞税特例基準割合（※）+1%」のいずれか低い割合であり、それ以後については、年「14.6%」と「延滞税特例基準割合+7.3%」のいずれか低い割合である。

※延滞税特例基準割合は、銀行の新規の短期貸出約定平均金利をベースに財務大臣が告示する割合+1%により計算した割合をいう。

c) 不納付加算税は、源泉徴収すべき源泉所得税を源泉徴収しなかったことに対するペナルティであり、納付税額の10%である。ただし、この税率は、税務署から指摘される前に自主的に納付した場合には5%に軽減される。

適切。

不納付加算税とは、源泉所得税が法定納期限内に完納されなかった場合に課税される附帯税である。不納付加算税の税額は、納付する源泉所得税額×10%（ただし、自主申告の場合は5%）である。

なお、次の場合には不納付加算税は徴収されない。

・正当な理由がある場合

・法定納期限内に納付する意思があったと認められる場合（その源泉所得税が、納税の告知を受けることなく法定納期限から1カ月を経過する日までに納付されており、かつ、過去1年以内に、納税の告知を受けたり、法定納期限後に納付されたりしたことがない場合）

> d） 重加算税とは、仮装隠ぺいの事実があるなど悪質なケースに、過少申告加算税等に代えて課される附帯税であり、税率は35%（過少申告加算税、不納付加算税に代えて課される場合）または40%（無申告加算税に代えて課される場合）である。過去5年内に無申告加算税または重加算税を課されたことがあるとき等は、さらに10%加算される。

適切。

重加算税とは、過少申告加算税などが課されるべき場合において、仮装・隠ぺいにより申告している等悪質な場合に、過少申告加算税等に代えて課税される附帯税である。

重加算税の税額は、過少申告加算税、不納付加算税に代えて課される場合は納付税額の35%、無申告加算税に代えて課される場合は納付税額の40%である。さらに、過去5年内に、無申告加算税または重加算税を課されたことがある場合や、電子取引の取引情報に係る電磁的記録に関して、隠ぺい又は仮装された事実がある場合は、それぞれ更に10%加算され、45%または50%となる。

問 18 - 3　解答：c

税務調査を受けて修正申告した場合に、追徴税額等をどのように会計処理するか問う問題である。

> a） 法人税、住民税及び事業税の追徴税額が発生した場合は、損益計算書上は、「法人税、住民税及び事業税」の次に「法人税等追徴税額」等の科目で記載する。

b） 追徴税額の重要性が乏しいと認められる場合は、追徴税額を「法人税、住民税及び事業税」に含めて表示することができる。

a） b)いずれも正しい。

修正申告、更正等により法人税、住民税及び事業税の追徴税額が発生した場合は、損益計算書上は、「法人税、住民税及び事業税」の次に「法人税等追徴税額」等の科目で記載し、還付税額が発生した場合には「法人税等還付税額」等の科目で記載する。ただし、追徴税額等の金額が重要性に乏しいと認められる場合は、「法人税、住民税及び事業税」に含めて表示することができる。

c） 過少申告加算税や延滞税は、販売費及び一般管理費の「租税公課」に含める。

誤り。

過少申告加算税や延滞税等の附帯税についても、本税の追徴税額とともに「法人税、住民税及び事業税」に含めて表示する。

d） 追徴税額のうち未納付額は、貸借対照表上「未払法人税等」に含める。

正しい。

修正申告、更正等による追徴税額のうち未納付額は、貸借対照表上「未払法人税等」に含めて表示する。

なお、還付されることが確定しているもの及び還付額を合理的に見積もることが可能な還付税額のうち未収額については、貸借対照表上「未収還付法人税等」の科目で表示する。

Chapter
19 現金出納管理

問19-1 解答：C

支払精査についての理解度を問う問題。

社内関係部門から支払依頼があった際に、経理部門は支払前に、関係書類の内容を確認・精査をすることで、実体のない支払の実行を防ぎ、処理誤りを防止し、内部統制の砦となる。この手続のことを支払精査という。

通常、経理部門に回付される支払依頼書には、請求書等の支払情報に加え、経理処理に必要な情報（勘定科目・消費税区分等）も盛り込まれている。したがって、経理部門は下記のような観点で、支払依頼書を精査したうえで、振込依頼書を作成する。

【支払精査のポイント】

- 支払依頼書が社内ルールに則った承認者によって承認されているか。（例：100万円以上の承認は部長承認となっているにもかかわらず、課長承認となっていないか）
- 支払先・内容・金額が請求書等エビデンスと合っているか。
- 支払期日は適切か。（急な支払依頼となっていないか）
- 納品書はすでに収受しているか。
- 負担部門・プロジェクトなどは適切か。（管理会計の観点から）
- 勘定科目は適切か。
- 消費税区分（課税仕入れ、課税仕入れ以外等）は適切か。
- 源泉税はあるか。

【支払依頼書のフォーマット例】

支払依頼書

申請日	2023/9/2
申請者	青山太郎
所属先	営業管理部

申請	検証	承認

支払先	株式会社青山コンサルティング		
支払内容	販売戦略コンサルティング料（Phase2）		
支払方法	振込・その他（　　　　）	納品書	AC16985
支払金額	¥5,500,000	源泉税区分	なし
勘定科目	60301115：ｺﾝｻﾙﾃｨﾝｸﾞ料	消費税区分	K01（10%：課税仕入れ）
支払日	翌月末支払	支払希望日	2023/10/31
負担部門	営業第１部	プロジェクト	PJ0102
請求書	AC05362	その他資料	
備考			

【経理部処理】

特記事項	

支払精査	検証	承認

したがって、a)支払先、b)勘定科目、d)支払内容は適切であるが、c)当社の銀行口座残高については、支払精査手続きの段階ではなく次の支払実行手続きの段階でチェックする項目であるため適切ではない。

問19-2　解答：c

預金残高照合について理解度を問う問題。

出納担当者は、定期的に銀行預金残高と帳簿残高（預金台帳残高）の照合を行い、一致していることを確認する。不一致の場合は預金残高調整表を用いて原因を究明する。これを預金残高照合という。本問では、銀行側で入金未処理、会社側で入金処理済みとなっているものを選択する。

a）得意先からの当座振込があったものの、銀行から会社への通知が未達の場合

適切でない。

この場合は、銀行側で入金処理済みであるが、会社への通知がまだであるため、会社側で入金未処理となっている。

b） 光熱費の自動引落があったものの、銀行から会社への通知が未達の場合

適切でない。

この場合は、銀行側で出金処理済みであるが、会社への通知がまだであるため、会社側で出金未処理となっている。

c） 時間外預入れの場合

適切。

時間外預入れは、会社側では預入れの時点で入金処理済みとしているものの、銀行の営業時間外の預入れとなることから、銀行側では入金未処理となる。

d） 未渡小切手の場合

適切でない。

未渡小切手とは、会社が小切手を振り出して支払処理をしていたにもかかわらず、未だに仕入先等に未渡しで手元に残っている小切手をいう。この場合は、銀行側で出金未処理、会社側で出金処理済みとなっている。

【当座預金残高調整表】

預金残高照合においては、下記のような残高調整表を作成し、不一致の原因を究明する。

（単位：円）

当座預金残高調整表

○○銀行△△支店口座番号 123456

	当座預金勘定残高		**3,200,000**
	加算項目：		
a）	売掛金入金未通知	100,000	
d）	未渡小切手	52,000	152,000
	減算項目：		
b）	光熱費自動引落出金未通知	-88,000	
c）	時間外預入	-56,000	-144,000
	銀行残高証明書残高		**3,208,000**

上記a)からd)の要因に関して、会社側で処理の修正が必要なものはc)以外となり、下記の伝票を計上して帳簿を修正する必要がある。

a)　売掛金入金未通知

借方科目	金額	貸方科目	金額
当座預金	100,000	売掛金	100,000

b)　光熱費自動引落出金未通知

借方科目	金額	貸方科目	金額
水道光熱費 仮払消費税	80,000 8,000	当座預金	88,000

d)　未渡小切手

借方科目	金額	貸方科目	金額
当座預金	52,000	買掛金	52,000

問19-3　解答：b

現預金管理の内部統制についての理解度を問う問題。

現預金等の入出金においては、二重払いのミスや、領収書偽造・着服といった不正が起きやすいため、様々な内部統制をきかせることが重要となる。

> a)　現預金取扱者以外の者が定期的に現金・預金残高と帳簿との照合を行うことは内部統制上有効な手続きである。

適切。

現預金と帳簿の定期的な残高照合は重要な統制活動である。また、担当者以外の者が実施することはモニタリングとも位置付けられる。特に通常業務に組み込まれた一連の手続きを実施することで、内部統制の有効性を継続的に検討・評価することを日常的モニタリングという。

> b)　経理業務を効率的に行うため、出納担当者が帳簿の記入担当者を兼任することは内部統制上も有効である。

適切でない。

出納担当者が帳簿の記入担当者を兼任してしまうと、その者が不正送金を行い、それを帳簿上ごまかすといった不正を生じさせるリスクが出てくるため、職務を分離し、出納担当者と異なる人物に帳簿記入をさせることが内部統制上必要となる。職務分離はリスク低減への対応策といえる。

c）領収書の偽造防止のため、連番管理を行い、予め主要な取引先にも領収書の印鑑を届出しておくことも内部統制上有効な手続きである。

適切。

領収書の杜撰な管理は、不正の機会を与えることとなるため、領収書の厳重管理が大切である。現金同様、保管・発行・承認の担当者を分けて管理するとともに、未使用の領収書は出納責任者が管理する必要がある。また設問c)に記載の通りの対応をしておくことで領収書の偽造リスクを低減する効果がある。

d）システム上の支払先情報を定期的にチェックし、不要な口座情報を削除することも内部統制上有効である。

適切。

昨今出納業務にあたっては、ERP（Enterprise Resources Planning：企業資源計画・統合基幹業務システム）やインターネットバンキングを利用するケースが多いが、不正送金先がないか、システム上のベンダー（支払先）マスターにある支払先情報を定期的にリストアップして見直し、取引が終了したものは削除するなど情報を更新しておくことも大切である。また不明な支払先がないか、抜き打ちで実査しておくことも重要となる。

Chapter 20 手形・小切手管理

問 20 - 1　解答： b

特殊な手形の業務及び会計処理の理解度を問う問題。

a）手形の不渡りとは、手形が支払いのため呈示されたにもかかわらず、残高不足等の理由で支払銀行が支払を拒絶することをいう。所持している手形が不渡りになった場合は、通常の受取手形と区別するために、「受取手形」勘定から「不渡手形」勘定に振り替える。

適切。

手形が不渡りになった時点では、すぐに回収不能とはいえないため、記述のとおり、「不渡手形」勘定に振替え、最終的に回収不能となった段階で、「貸倒損失」等費用に計上する。なお、それまでの間は、不渡手形の貸倒引当金計上の検討も必要となる。

b）手形の更改とは、振出人の資金不足等の理由で、振出済みの手形の支払期日を延期した新しい手形を再度振り出して旧手形を無効にし、旧手形と新手形を交換することをいう。期日が延期されるだけなので、手形の更改時には会計処理は行わない。

適切でない。

手形の更改時には、旧手形の満期日と新手形の満期日との間の利息が発生し、受取人側では、次のような仕訳を計上する必要がある。

【利息を現金で受け取る場合】

借方科目	金額	貸方科目	金額
受取手形（新）	100,000	受取手形（旧）	100,000
現　　　金	100	受　取　利　息	100

【利息を新手形の額面に含める場合】

借方科目	金額	貸方科目	金額
受取手形（新）	100,100	受取手形（旧）	100,000
		受 取 利 息	100

c）手形の割引とは、満期日前の手形を銀行などの金融機関に買い取ってもらうことをいう。会計処理上、割引料や手数料を「手形売却損」として費用計上する。また、手形の割引を行った際には、新たに保証債務を負うことになるため、この保証債務についての会計処理も必要となる。

適切。

手形割引は、法的には手形の売買であると解されていることや、金融商品会計基準においても手形の売買として捉えられており、「手形売却損」勘定を用いる。保証債務についての会計処理も必要となる。

d）手形の裏書とは、満期日前の手形を他人に譲渡することをいう。手形の裏面に必要事項を記入、署名捺印することから裏書と呼ばれる。手形の割引と同様、保証債務についての会計処理も必要となる。

適切。

なお、手形裏書人の保証債務の処理は原則として以下の通り。

【手形裏書時】（例：保証債務の時価は手形額面の 5%と見積もる）

借方科目	金額	貸方科目	金額
仕 入	100,000	受 取 手 形	100,000
保証債務費用（P/L）	5,000	保証債務（B/S）	5,000

【手形決済時】

借方科目	金額	貸方科目	金額
保証債務（B/S）	5,000	保証債務取崩益（P/L）	5,000

問 20 - 2 解答：a

電子記録債権の特徴の理解度を問う問題。電子記録債権の取引は概ね以下の通り行われる。

1. 電子記録債権の発生

窓口金融機関を通じて「でんさいネット」(注) の記録原簿に「発生記録」を行うことで、電子記録債権が発生する。

(注)「でんさいネット」とは、電子債権記録機関「㈱全銀電子債権ネットワーク」の通称で、全国の金融機関が参加する、電子記録債権を記録・流通させる決済インフラをいう。

2. 電子記録債権の譲渡

窓口金融機関を通じて「でんさいネット」の記録原簿に「譲渡記録」を行うことで、電子記録債権を譲渡可能。必要に応じて債権を分割して譲渡することもできる。

3. 電子記録債権の消滅

支払期日になると、自動的に支払企業の口座から資金を引落し、納入企業の口座へ払込みが行われる。「でんさいネット」が支払完了の旨を「支払等記録」として記録するため、面倒な手続きは一切不要。また、手形と異なり、納入企業は支払期日当日から資金を利用することができる。

> a) 電子記録債権は、支払期日に自動入金され、裏書や割引にも対応は可能であるが、分割しての利用はできない。

適切でない。

電子記録債権は、必要に応じて債権を分割して譲渡することもできる。

> b) 電子記録債権は、手形の振出し作業や郵送作業など、支払に関する事務負荷が軽減される。

適切。

電子記録債権は、上記の通り電子データの取引となることから、様々な事務負荷から解放されるメリットがある。

c）電子記録債権は、電子債権記録機関の記録原簿で管理されていることから、現物管理が不要で、紛失・盗難リスクからも解放される。

適切。

現物管理が不要という点が電子記録債権の大きなメリットの一つである。

d）電子記録債権は、手形と異なり印紙税は課税されない。また、電子データで処理されることから、郵送コストも削減される。

適切。

電子記録債権のメリットの一つは電子取引に伴うコスト削減である。また、手形は、印紙税法の「有価証券」（財産的価値のある権利を表章する証券）であることから第17号の1文書に該当し、印紙税が課されるが、電子記録債権はこれには該当しないため、印紙税は非課税となる。

問20-3 解答：d

小切手の基本知識を問う問題。

a）線引き小切手とは、盗難・紛失等を防ぐために考案された小切手であり、取立依頼銀行の指定があるものを一般線引き小切手という。

適切でない。

取立依頼銀行の指定があるものは特定線引き小切手のことであり、取立依頼銀行の指定のないものを一般線引き小切手と呼ぶ。

線引き小切手は、原則現金での支払いができず、銀行への振込に限られ、持参人の銀行口座へ入金されるため、不正使用等の防止になる。

b）小切手の支払呈示期間は支払期日を含めて3日間となっており、手形と比べて短い。

適切でない。

手形・小切手を資金化するためには、取引銀行への持込（呈示）が必要とされている。手形・小切手は転々と流通されることが想定されていることから、手形・小切手の所持人から現物に基づき支払申請が必要とされるのである。上記の呈示期間は手形についての記述であり、小切手の支払呈示期間は振出日以後 10 日以内（末日が祝祭日の場合は翌営業日）である。

c） 小切手も手形と同様、印紙税が課される。

適切でない。

印紙税は、印紙税法の課税物件表に掲げられる課税文書についてのみ課税される。約束手形・為替手形は印紙税法の課税文書（第 3 号文書）として、10 万円以上から金額に応じて印紙税が課されるが、小切手はこのような規定がないため、印紙税は課されない。小切手は、文書といえども、現金（当座預金）の存在を前提に振り出されるものであるから、紙幣と同様と考えられ非課税とされている。

d） 他人振出小切手を受領した場合、通貨と同じ性格をもつことから「現金」勘定に計上する。

適切。

他人振出小切手とは、他人（会社）が振り出した小切手であり、通貨代用証券とされていることから、その性格は現金と同様であり、受領した場合「現金」勘定に計上する。一方、自己振出小切手を受領した場合は、振出時の「当座預金」勘定を取り消す意味で、「当座預金」勘定の増加として処理する。

【他人振出小切手の受領時】（売掛金の回収として 10 万円受領）

借方科目	金額	貸方科目	金額
現　　　金	100,000	売　掛　金	100,000

【自己振出小切手の振出時】（買掛金の決済として 10 万円振出）

借方科目	金額	貸方科目	金額
買　掛　金	100,000	当　座　預　金	100,000

【自己振出小切手の受領時】（売掛金の回収として 10 万円受領）

借方科目	金額	貸方科目	金額
当 座 預 金	100,000	売 掛 金	100,000

Chapter 21 有価証券管理

問 21 - 1　解答： d

有価証券の評価に関する会計処理の基本知識を問う問題。

> a) 売買目的有価証券は、時価で評価を行い、評価差額は当期の損益として損益計算書に表示される。

適切。

売買目的有価証券とは、時価の変動により利益を得ることを目的として保有する有価証券をいい、時価をもって貸借対照表価額とし、評価差額は当期の損益として処理する。

【仕訳例】（評価差益 1,000 の場合）

借方科目	金額	貸方科目	金額
売買目的有価証券（B/S）	1,000	有価証券運用損益（P/L）	1,000

> b) 満期保有目的の債券は、取得価額と額面金額の差額相当額（金利の調整と認められるもの）を、償却原価法により、満期までの残存期間で按分して簿価に加減算するとともに、当期の損益として損益計算書に表示する。

適切。

満期保有目的の債券とは、満期まで所有する意図をもって保有する社債その他の債券のことをいう。上記の通り償却原価法に基づいて算定された価額をもって貸借対照表価額としなければならない。

【仕訳例】（差額相当額が 1,000 の場合）

借方科目	金額	貸方科目	金額
満期保有目的債券（B/S）	1,000	有価証券利息（P/L）	1,000

c) 子会社株式は、取得価額のままで期末に評価を行わない。

適切。

子会社株式は、親会社が当該企業を支配する目的で保有するため、時価があっても自由に処分するわけにはいかない。つまり、子会社株式の実質的な性質は事業用資産とも考えられることから、取得原価で評価する。

d) その他有価証券（市場価格のない株式等以外）については、時価で評価を行うものの、全部純資産直入法のみ認められており、部分純資産直入法は認められていない。

適切でない。

その他有価証券（市場価格のない株式等以外）については、全部純資産直入法のほか、部分純資産直入法も認められている。

個別財務諸表上、全部純資産直入法は、銘柄別の評価差益と評価差損を相殺した残額を、税効果会計の考慮後、B/S の純資産の部（「その他有価証券評価差額金」）（注）に計上する方式をいう。一方、部分純資産直入法は、銘柄別に評価差益は、税効果会計の考慮後、B/S の純資産の部（「その他有価証券評価差額金」）に計上するが、評価差損は当期の損失として P/L での純利益の計算に含める方式をいう。

（注）連結財務諸表上は当該時価評価差額を「その他包括利益」として包括利益計算書上に含めたうえで、B/S の純資産の部に振り替える。

【全部純資産直入法の場合】（ネットで評価差損 1,000 の場合）
実効税率＝30%とする。

借方科目	金額	貸方科目	金額
その他有価証券評価差額金（B/S） 繰延税金資産（B/S）	700 300	その他有価証券（B/S）	1,000

【部分純資産直入法の場合】（評価差損 1,000 の場合）

借方科目	金額	貸方科目	金額
その他有価証券評価損（P/L）	1,000	その他有価証券（B/S）	1,000

（注）部分純資産直入法の評価差損に係る税効果の仕訳は、一般に他の一時差異に係る税効果の仕訳と合算して行われるため、ここでは省略している。

解答・解説編

問 21 - 2　解答：c

株式投資における主な分析指標の理解度・計算力を問う問題。

a）株価収益率（PER）

PER は、以下の算式で計算され、株価がその企業の純利益の何倍で買われているかを示す指標。一般的に PER は低いほど割安と考えられるが、同業他社や自社の時系列観測等、比較分析を行うことが大切である。

株価収益率(PER)(倍)＝株価÷1 株当たり当期純利益

A 社の PER＝2,800 円÷(500 百万円÷2 百万株)＝11.2 倍

B 社の PER＝1,500 円÷(4,000 百万円÷20 百万株)＝7.5 倍

したがって、PER は A 社の方が B 社より高くなっている。当期純利益の実額は B 社の方が大きいが、株価と比較すると相対的には B 社の方が割安ということになる。

b）株価純資産倍率（PBR）

PBR は、以下の算式で計算され、株価が 1 株当たり純資産の何倍まで買われているのかを示す指標。1 倍未満だと株価が純資産即ち、資産価値（解散価値）を下回っていると考えられる。この指標も、一概に PBR が安い＝株価が割安ともいえず、同業他社や自社の時系列観測等、比較分析を行うことが大切である。

株価純資産倍率（PBR）（倍）＝株価÷ 1 株当たり純資産

A 社の PBR＝2,800 円÷(4,000 百万円÷2 百万株)＝1.4 倍

B 社の PBR＝1,500 円÷(25,000 百万円÷20 百万株)＝1.2 倍

したがって、PBR も A 社の方が B 社より高くなっている。純資産の実額は B 社の方が大きいが、株価と比較すると相対的には B 社の方が割安ということになる。

c） 自己資本利益率（ROE）

ROE は、投下した資本に対して企業がどれだけの利益を上げられるのかを示す指標。自己資本利益率は高いほど収益力があると考えられるが、この指標も、同業他社や自社の時系列観測等、比較分析を行うことが大切である。

自己資本利益率（ROE）（%）＝（当期純利益÷自己資本）×100

A 社の ROE＝（500 百万円÷4,000 百万円）×100＝12.5%

B 社の ROE＝（4,000 百万円÷25,000 百万円）×100＝16.0%

したがって、ROE は B 社の方が A 社より高くなっており、収益性が高いと考えられる。

d） 自己資本比率

自己資本比率は以下の算式で算定され、この比率が高いほど、他人資本（負債）が少ないことになり、財務基盤が強く安全性が高いと判断される。

自己資本比率（%）＝（自己資本÷総資産）×100

A 社の自己資本比率＝（4,000 百万円÷8,000 百万円）×100＝50%

B 社の自己資本比率＝（25,000 百万円÷200,000 百万円）×100＝12.5%

したがって、自己資本比率は A 社の方が B 社より高くなっており、安全性が高いと言える。

以上により、A 社の方が B 社より低くなっている指標は、c）自己資本利益率（ROE）となる。

問 21 - 3　解答：a

有価証券の処理に関する法人税法上の取扱いの理解度を問う問題。

a） 法人税法等では、売買目的有価証券について時価法による期末評価を行うこととしているが、洗替処理しか認められず、切放し処理は認められていない。

適切。

洗替処理とは、期末に時価評価をしても翌期首には再び取得価額に戻す方式をいい、切放し処理は、一旦期末に時価評価した場合は、翌期首に振り戻しを行わず、そのまま帳簿価額を引き継ぐ方式をいう。企業会計はいずれか選択が可能であるが、法人税法上は洗替処理しか認めていない。

b）有価証券を購入する際の購入手数料その他有価証券の購入のために要した費用は税務上損金経理を要件として、損金算入が認められる。

適切でない。

法人税法上、有価証券を購入する際の購入手数料その他有価証券の購入のために要した費用は、その有価証券の取得価額に含めなければならず、損金算入は認められていない。ただし、法人税基本通達では、通信費・名義書換料・有価証券取得税等の税は、購入費用に含めないことができるとしている。

c）有価証券の譲渡原価の計算の基礎となる１単位当たりの帳簿価額の算定は、移動平均法と総平均法が認められている。ただし、移動平均法を選択する場合には、一定の期日までに税務署長に届出書を提出しなければならない。

適切でない。

法人税法上、移動平均法と総平均法が認められているが、届出書の提出が必要なのは、総平均法を選択する場合である。届出をしなかった場合は移動平均法が強制される（法定算出方法）。

【総平均法】

$$\text{総平均法による一単位当たりの帳簿価額} = \frac{\text{期首における有価証券の帳簿価額} + \text{期中に取得した有価証券の取得価額}}{\text{期首における有価証券の数} + \text{期中に取得した有価証券の数}}$$

【移動平均法】

$$\text{移動平均法による一単位当たりの帳簿価額} = \frac{\text{取得する直前の有価証券の帳簿価額} + \text{新たに取得した有価証券の取得価額}}{\text{取得する直前の有価証券の数} + \text{新たに取得した有価証券の数}}$$

d） 法人税法等では、資産の評価損は損金不算入であるため、有価証券の減損処理も損金算入は認められていない。

適切でない。

下記のような事実が生じた場合、損金経理を要件として、例外的に損金算入が認められている。

【一定の事実が発生した場合】（売買目的有価証券にあっては、②又は③）

① 市場価額が明らかな有価証券で、企業支配株式等以外のものについては、その市場価額が著しく下落したこと（帳簿価額の概ね50%相当額を下回り、かつ、近い将来その価額の回復が見込まれないこと）

② 上記以外の有価証券については、その有価証券を発行する法人の資産状態が著しく悪化したため、その価額が著しく低下したこと（会社法の特別清算開始の命令等があった場合、又は1株当たりの純資産額が50%以上下回ることとなった場合等）

③ 上記に準ずる特別の事実

【法的整理等の事実の場合】

更生計画認可の決定、再生計画認可の決定、再生計画認可の決定に準ずる事実等

問21 - 4　解答： c

有価証券管理の内部統制についての理解度を問う問題。

a） 有価証券の管理に際しては、有価証券の現物保管者、承認者、帳簿の記入者の担当を分け、職務の分離を行うようにする。

適切。

有価証券は流動性・換金性が高く、不正等の余地が介在しやすいことから、現物管理に十分注意を払う必要がある。内部統制では、業務の適正さを保つ組織体制を築き維持していくことが求められるので、職務の分離は内部統制システムを有効に機能させるための一方策である。

b） 有価証券の運用には様々なリスクを伴うため、予めリスク管理方針、資金運用方針を定めておく。

適切。

有価証券のリスクとして、価格変動リスク、為替変動リスク、信用リスク、流動性リスク、金利変動リスク、インフレリスク等様々なリスクが想定される。したがって、組織としてどのようなリスクを許容するのか、許容しないのか等を検討し、リスクの定義・リスクの計測・管理手法・管理体制・管理方針等を盛り込んだリスク管理方針を予め定める必要がある。

さらに、資金運用の目的・目標・資産構成割合・運用受託機関・資産管理機関の選定・評価基準等を盛り込んだ資金運用方針も予め定めておく必要がある。

c） 有価証券取引は昨今その仕組みが複雑なものが多く理解が困難なものもあるため、その運用は社内外の専門家に委託し、経営者は必ずしも取引内容を理解していなくともよい。

適切でない。

b)でも述べたとおり、有価証券には様々なリスクが伴い、組織に巨額の損失をもたらすことも想定されるため、経営者は内部統制を整備及び運用する責任者として、専門家任せにはせず、その取引内容を十分に理解しておく必要がある。

d） モニタリング活動として、定期的に有価証券台帳と現物との実査を実施したり、内部監査人による独立した視点からのリスク評価を定期的に実施したりすることは有効である。

適切。

モニタリングとは、内部統制が有効に機能していることを継続的に評価するプロセスをいい、内部統制の基本的要素の一つである（「経理・財務」実務マニュアル下巻「30. 内部統制」参照）。

モニタリングは次の2つに区分される。

① 日常的モニタリング：通常の業務に組み込まれた一連の手続を実施することで、内部統制の有効性を継続的に検討・評価すること。

② 独立的評価：日常的モニタリングでは発見できないような経営上の問題がないかを別の視点から評価するために行われるもの。

問 21 - 5　解答：d

金融商品取引法のインサイダー取引（内部者取引）の理解度を問う問題。

インサイダー取引とは、会社の内部情報に接する立場にある役職員等（会社関係者）が、その立場を利用して会社の重要な内部情報（重要事実）を知り、情報が公表される前にこの会社の一定の有価証券（株式、新株予約権証券、社債券、投資証券、他社株転換社債等）を売買することをいう。このような取引が行われると、一般の投資家との間で不公平が生じ、金融商品市場の公正性・健全性が損なわれるため、金融商品取引法において規制されている。

> a) インサイダー取引における重要事実の「公表」の方法としては、上場する証券取引所等に対して TDnet（適時開示情報伝達システム）を通じて情報を通知することも認められている。

適切。

重要事実の「公表」の方法としては以下のいずれかの措置が挙げられている。TDnet は②の方法に該当する。

① 2以上の報道機関に対して重要事実を公開した後、12時間が経過した場合

② 金融商品取引所に対する通知および金融商品取引所による公衆縦覧がなされた場合

③　重要事実が記載された有価証券届出書、有価証券報告書、臨時報告書等が公衆の縦覧に供された場合

b）インサイダー取引における「重要事実」とは、その上場会社（子会社も含む）の重要な内部情報のことで、例えば、新株発行や株式分割等会社が決定する事実、災害による損害や主要株主の異動等会社に発生する事実、売上高等の変化等決算に係る事実が含まれる。

適切。

「重要事実」には、上記のほか、その上場会社等の運営、業務又は財産に関する重要な事実であって投資者の投資判断に著しい影響を及ぼすもの（バスケット条項）も含まれる。

但し、これら「重要事実」に該当したとしても、投資者の投資判断に及ぼす影響が軽微なものとして、内閣府令で定める基準に該当するものは「重要事実」から除外される（適用除外）規定も定められている。

c）インサイダー取引の違法行為を行った場合は、5年以下の懲役もしくは500万円以下の罰金（または併科）に処せられ、また、得られた財産は没収される。

適切。

また、規制の実効性確保のため、行政上の措置として違反者に対して金銭的負担を課す課徴金制度もある。

d）インサイダー取引における「会社関係者」とは上場会社等（上場会社とその親会社・子会社）の役職員（パートタイマー含む）、帳簿閲覧権を有する株主（3%以上の議決権を持つ株主）、法令に基づく権限を有する者（公務員等）、上場会社等との契約締結者（公認会計士、弁護士等）も含まれるが、その上場会社の退職者は含まれない。

適切でない。

会社関係者でなくなった後1年以内の者についても、規制の対象になっている。

Chapter 22 債務保証管理

問 22 - 1 解答： c

保証人と連帯保証人の権利の理解度を問う問題。

【連帯保証と保証の違い】

項　目	内　容	連帯保証	保　証
催告の抗弁権	主債務者へ請求するよう主張する権利	なし	有り
検索の抗弁権	主債務者から先に強制執行するように主張する権利	なし	有り
分別の利益	保証人の間で頭割り分だけ責任を負うこと	なし	有り

a）保証人には催告の抗弁権があるが、連帯保証人にはない。

適切。

催告の抗弁権とは、債権者が保証債務を履行するよう保証人に対して請求した場合に、保証人ではなく先に主債務者に請求するよう主張できる権利をいう。一方、連帯保証人には催告の抗弁権がないため、債権者が主債務者に請求せずに先に連帯保証人に請求してきた場合でも、それを理由に支払を拒否することはできない。

b）保証人には分別の利益があるが、連帯保証人にはない。

適切。

分別の利益とは、複数の保証人がいる場合に、それぞれの保証人が主たる債務の全額について支払う必要はなく、主債務を保証人の人数で割った額を負担すればよいという利益のことをいう。連帯保証人には、この分別の利益が認められていないため、連帯保証人が複数人ついていたとしても、債権者に主債務の全額の返済を請求されれば、その連帯保証人は全額を支払わなければならない。

c） 保証人には検索の抗弁権がないが、連帯保証人にはある。

適切でない。

検索の抗弁権とは、主債務者には債務を弁済できる資力があり、かつ、執行が容易であることを保証人が証明することにより、債権者に対し、先に主債務者の財産に対して執行するように請求できる保証人の権利である。一方、連帯保証人は主債務者に弁済できる資力があり、かつ、執行が容易な場合でも、債権者から請求されると支払を拒否することはできない。

d） 保証人も、連帯保証人も主債務者に対する求償権は認められている。

適切。

求償権とは、主債務者の代わりに弁済した場合に、その支払った分を債務者に対して請求できる権利のことをいう。求償権は保証人と連帯保証人いずれにも認められている権利である。

問 22 - 2　解答：b

偶発債務に関する理解度を問う問題。

偶発債務とは、現在のところ現実の債務にはなっていないが、将来において一定の事象が生じた場合に負担となる可能性のあるような債務のことをいう。

a） 当社は、X1 年 12 月 16 日、取引先振出の約束手形を銀行で割引き、資金化した。なお、この手形の決済日は X2 年 1 月 31 日である。

適切。

手形の割引を行った者は、もし手形上の主たる債務者が期日に弁済できないとき、主たる債務者に代わって支払いに応じる義務（遡及義務）が生じる。

決算日時点では、手形の決済はまだされていないことから、当社はX1年12月31日時点においては、「偶発債務」を負うことになる。

> b) 当社は、X2年1月10日に主力工場で火災が発生し、近隣住民への損害賠償義務が生じる可能性があるものと考えられる。なお、警察の調査によれば、出火当日の当社の社員によるタバコの不始末が火災の原因と考えられている。

適切でない。

火災が発生したのは決算日後であることから、X1年12月31日時点においては、当社は「偶発債務」を負っているとはいえない。

なお、決算日の翌日から監査報告書日までの間に発生した会社の財政状態、経営成績及びキャッシュフローの状況に影響を及ぼす重要な会計事象を「後発事象」という。

後発事象は、①財務諸表を修正すべき後発事象（修正後発事象）と、②財務諸表に注記すべき後発事象（開示後発事象）の2つに分けられる。

① 修正後発事象

決算日後に発生した会計事象ではあるが、その実質的な原因が決算日現在においてすでに存在しており、決算日現在の状況に関連する会計上の判断ないし見積りをするうえで、追加的ないしより客観的な証拠を提供するものとして考慮しなければならない会計事象をいう。

② 開示後発事象

決算日後において発生し、当該事業年度の財務諸表には影響を及ぼさないが、翌事業年度以降の財務諸表に影響を及ぼす会計事象をいう。

本件は、②開示後発事象に該当する。

> c) 当社は、X1年2月2日、製造物責任訴訟により提訴され、損害賠償が求められている。X2年3月に第一審の判決が出る見通しである。

適切。

係争事件について、訴訟を受けた時点では判決が確定していないため、債務性があるとは言えないが、将来敗訴し、損害賠償義務が生じることがあるため、当社はX1年12月31日時点で「偶発債務」を負っているといえる。

d) 当社は、X1年11月30日、子会社の借入に対し債務保証を行った。

適切。

子会社等他企業の債務を保証した場合、主たる債務者が債務不履行になった場合、保証人は主たる債務者に代わって債務を履行する責任を負う。したがって、当社はX1年12月31日時点で「偶発債務」を負っているといえる。

問22-3　解答：d

債務保証の会計処理の理解度を問う問題。債務保証の会計上の取扱いについては、引当金を計上する場合と、注記によって開示する場合の2つがある。

企業会計原則の引当金の計上に必要な下記4要件を満たす場合は、引当金の計上を行うこととなるが、そうでない場合は、注記で開示をすることとなる。

① 将来の特定の費用又は損失に関するものであること。

② その費用・損失の発生が、当期又はそれ以前の事象に起因していること。

③ その費用・損失の発生の可能性が高いこと。

④ その金額を合理的に見積もることができること。

a) 将来の損失の発生の可能性が高く、かつ損失金額の見積が可能な場合は、債務保証損失引当金を計上する。

適切。

このような場合は、企業会計原則の引当金の計上に必要な要件を充足していることから、債務保証損失引当金の計上を行うこととなる。

b) 将来の損失の発生の可能性が高いが、損失金額の見積が不可能な場合は、債務保証の金額を注記する。また、損失の発生の可能性が高いが損失金額の見積りが不可能である旨、その理由および主たる債務者の財政状態等を追加情報として注記する。

適切。

企業会計原則の4要件の④の要件が充足しないことから、引当金の計上はできないが、注記による開示が必要とされる。

> c）将来の損失の発生の可能性がある程度予想される場合は、債務保証の金額を注記する。また、損失発生の可能性がある程度予想される旨および主たる債務者の財政状態等を追加情報として注記する。

適切。

このケースは、企業会計原則の4要件の③の要件が充足しないことから、引当金の計上はできないが、注記による開示が必要とされる。

> d）将来の損失の発生の可能性が低い場合は、特に会計処理も注記も必要ない。

適切でない。

将来の損失の発生の可能性が低い場合でも、債務保証の金額の注記は必要とされる。

【参考】注記に関するガイドライン

会社計算規則第103条（貸借対照表等に関する注記）

「貸借対照表等に関する注記は、次に掲げる事項（中略）とする。

五　保証債務、手形遡及債務、重要な係争事件に係る損害賠償義務その他これらに準ずる債務（負債の部に計上したものを除く。）があるときは、当該債務の内容及び金額」

財務諸表等規則第58条（偶発債務の注記）

「偶発債務（債務の保証（債務の保証と同様の効果を有するものを含む。）、係争事件に係る賠償義務その他現実に発生していない債務で、将来において事業の負担となる可能性のあるものをいう。）がある場合には、その内容及び金額を注記しなければならない。ただし、重要性の乏しいものについては、注記を省略することができる。」

Chapter 23 貸付金管理

問 23 - 1 解答： a

金銭消費貸借契約の理解度を問う問題。

> a） 通常、金銭消費貸借契約では、利息と遅延損害金を定めているが、貸金業者等の場合、仮に利息制限法を超過する金利を定めた場合、利息全体について無効とされる。

適切でない。

貸金業者等の場合、利息制限法を超過する金利を定めた場合、その超過する部分が無効とされ、利息全体が無効とされるわけではない。なお、利息制限法の利率の上限は以下のとおりである。

【利息】

元本が 10 万円未満の場合：年 20%

元本が 10 万円以上 100 万円未満の場合：年 18%

元本が 100 万円以上の場合：年 15%

【遅延損害金】

元本が 10 万円未満の場合：年 29.2%

元本が 10 万円以上 100 万円未満の場合：年 26.28%

元本が 100 万円以上の場合：年 21.9%

> b） 銀行が法人相手に行う融資の中で、財務制限条項や格付維持条項等が設定されることがある。これらの条項をコベナンツ条項といい、これらの条項が守られなかった場合、一定のペナルティが課される。

適切。

通常コベナンツ条項が守られなかった場合は、借主はその時点で融資額の全額返済や金利優遇の取消等のペナルティを負うこととなるため、債権者にとっては、債権者が不利になるような借手の行動を事前に抑制するという効果がある。

コベンナンツ条項には次のようなものがある。

・純資産額維持条項：前期決算の純資産額○％維持等

・財務状態に係るもの：有利子負債制限条項、自己資本比率維持条項、2期連続経常利益の赤字の回避等

・キャッシュフローに係るもの：利益維持条項、インタレスト・カバレッジ・レシオ維持条項等

c）借主が元本・利息の支払いを怠ったときや他の債務につき強制執行等を受けたとき等民法上の一定の事由が発生した場合、直ちに債務を弁済しなければならない。これを期限の利益の喪失という。

適切。

期限の利益とは、期限が定められていることによって債務者が受ける利益のことをいう。つまり、債務者は期限が到来するまでは返済する義務がなく、また返済を求められることもない。しかし、一定の期限の利益の喪失事由に該当する場合は、本来の期限が到来していなくとも返済をしなくてはならなくなる。

d）表明保証とは、契約時における契約当事者に関する事実、契約の目的物の内容等に関する事実について、当該事実が真実かつ正確である旨契約当事者（特に借手側）が表明し、相手方（貸手）に対して保証するものである。

適切。

通常、金銭消費貸借契約書上、上記の表明保証条項も織り込まれており、契約の前提として、現在の状況が開示されている内容で間違いないことを確認させるのが通例である。

もし、表明保証違反の場合、契約を解除できたり、表明保証違反の当事者に補償請求をすることができたりする等の条項が規定されることが通常である。

問 23 - 2　解答：c

融資の審査にあたって活用される主な分析指標の理解度・計算力を問う問題。

a）流動比率

流動比率は以下の算式で算定され、企業の短期的な支払能力を表す指標であり、この比率が高いほど支払能力（安全性）が高いと判断される。

流動比率（%）＝（流動資産÷流動負債）×100

前期の流動比率＝（900 百万円÷600 百万円）×100＝150%

当期の流動比率＝（800 百万円÷700 百万円）×100≒114%

流動比率は、前期に比べ低下していることから、流動比率は改善しているとはいえない。

b）固定比率

固定比率は以下の算式で算定され、固定資産への投資が自己資本の枠内で賄われているかを示す指標である。固定資産投資は回収に長い期間を要することから、固定比率は 100%以下が望ましいとされている。

固定比率（%）＝（固定資産÷自己資本）×100

前期の固定比率＝（1,000 百万円÷800 百万円）×100＝125%

当期の固定比率＝（1,200 百万円÷900 百万円）×100≒133%

固定比率は、前期に比べ上昇していることから、固定比率は改善しているとはいえない。

c）自己資本比率

自己資本比率は以下の算式で算定され、この比率が高いほど、他人資本（負債）が少ないことになり、財務基盤が強く安全性が高いと判断される。

自己資本比率（%）＝（自己資本÷総資産）×100

前期の自己資本比率＝(800 百万円÷1,900 百万円)×100≒42%
当期の自己資本比率＝(900 百万円÷2,000 百万円)×100＝45%

自己資本比率は、前期に比べ上昇していることから、自己資本比率は改善しているといえる。

d) 総資産回転率

総資産回転率は以下の算式で算定され、事業に投資した総資産がどれだけ有効に活用されたかを示す指標であり、この比率が高いほど、有効活用度（収益力）が高いと判断される。

総資産回転率(回)＝売上高÷総資産

前期の総資産回転率＝2,500 百万円÷1,900 百万円≒1.3 回
当期の総資産回転率＝2,000 百万円÷2,000 百万円＝1.0 回

総資産回転率は、前期に比べ低下していることから、総資産回転率は改善しているといえない。

以上により、指標が改善しているものは、c)自己資本比率となる。

問 23 - 3 解答： c

貸付金の貸倒損失の税務処理の理解度を問う問題である（「経理・財務」実務マニュアル上巻「1. 売掛債権管理」◆税務上のポイント参照）。

a) 会社更生法の更生手続開始の決定があった場合において、その決定により貸付金の切り捨てが見込まれることとなった場合

認められない。

会社更生手続は、①更生手続開始の申立て→②更生手続開始決定→③更生債権の届出・調査・確定→④更生債務者の財産評定→⑤更生計画案の提出→⑥更生計画認可の決定→⑦更生計画の遂行→⑧更生手続終結決定、というフローを経る。

税務上は、⑥会社更生法の更生計画認可の決定等があった場合において、そ

の決定により切り捨てられることとなった部分の金額は、更生計画認可の決定等の属する事業年度の損金に算入される（法律上の貸倒れ）。

したがって、本件は②のタイミングであることから損金算入はまだ認められない。

b）その債務者の資産状況、支払能力等からみて貸付金の一部が回収できないことが明らかになった場合

認められない。

税務上、法律上金銭債権が消滅した場合でなくても、その債務者の資産状況、支払能力等からみてその「全額」が回収できないことが明らかになった場合には、その明らかになった事業年度において貸倒れとして損金経理をすることができる（事実上の貸倒れ）。

したがって、一部の貸倒れが見込まれる場合にその一部について損金算入を認めるものではないことから、この段階ではまだ損金算入は認められない。

c）親会社が子会社を再建する場合の貸付金の債権放棄で、業績不振の子会社の倒産を防止するためにやむを得ず行われるもので、合理的な再建計画に基づくものである等その債権放棄をしたことについて相当な理由があると認められる場合

認められる。

子会社等が経営危機に陥った時に、経営上親会社が支援の手を差し伸べることはよくあるが、この場合の親会社における子会社支援に伴う損失は、税務上「寄附金」として扱われるリスクがある。しかし、本ケースのように経済的合理性を有する支援の場合は、寄附金課税をしない扱いとしている。

なお、支援対象となる法人は、その法人と資本関係を有する者のほか、取引関係、人的関係、資金関係等において事業関連性を有する者が含まれ、必ずしも子会社や関連会社に限定されるものではない。

d) 借手との取引を停止した時（最後の弁済期又は最後の弁済の時が当該停止をした時以後である場合には、これらのうち最も遅い時）以後１年以上経過した場合

認められない。

本件は「形式上の貸倒れ」と言われるケースであるが、これは売掛債権に認められるものであり、貸付金には認められていない。

売掛債権については、貸付金のように、支払が遅延したからといって直ちに債権確保手続をとることが事実上困難であるため、一定の場合に限り、売掛債権から備忘価額を控除した残額について貸倒れとしての損金経理を要件に損金算入が認められている。

Chapter 24 借入金管理

問 24 - 1　解答： d

代表的な資金調達方法である有償増資・社債・銀行借入の特徴の理解度を問う問題。解答は以下のとおりで、d)が適切ということになる。

	返済義務	議決権の付与	担保の必要性	配当・利息の税務処理
有償増資	なし	②（あり）	必要なし	損金算入不可
社債	①（あり）	なし	必要がない場合が多い	④（損金算入可能）
銀行借入	あり	なし	③（必要がある場合が多い）	損金算入可能

1.　有償増資

有償増資のメリットとしては、資本の提供者（株主）がリスクを負うこととなるため、返済義務はなく、担保もとられることはないことから、企業にとっては株主資本が充実する点が挙げられる。

一方デメリットとしては、株主への配当の支払いが必要であり、また配当は税務上損金不算入であることや、株主からの企業価値向上のプレッシャーが強くなり、調達コストが高くなる点が挙げられる。さらに、株主は議決権を有することから、経営への介入を招く可能性もある点に留意する必要があろう。

2.　社債

社債は返済義務があるものの、期日一括償還の場合は、調達期間中は利払いのみであることから資金繰りが銀行借入に比べ、楽になる点がメリットの1つである。また、昨今は無担保社債が主流になってきている点も大きなメリットである。さらに、社債利息は税務上損金算入可能である点も大きい。

一方、デメリットとしては、社債発行にあたっては一定の格付の取得が必要とされることからその企業自体の信用力がなければ発行が難しくなるという点が挙げられる。また、銀行借入と比べ、発行事務負担が大きく、発行コストの負担も無視できない点も挙げられる。

3. 銀行借入

返済義務があり、支払利息の損金算入が可能である点は社債と同様であるが、銀行借入の場合は、特に中小企業等では担保提供が求められる点が借手にとってはデメリットと考えられる。また長期借入の場合は通常は元本も期中分割返済しなければならないことから、期日一括償還型の社債と比べ、資金繰りがきつくなる点もデメリットである。

一方、社債と比べ、手続きが容易であることや、金融機関との関係が良好であれば、急な資金需要にも応じてくれる等柔軟性がある点が大きなメリットである。

問 24 - 2 解答： b

借入実務の理解度を問う問題。

a） 利息の計算方法に関し、借入日と返済日のいずれか一方を借入日数に算入しない計算方法を片端入れという。

適切。

利息の計算方法は、元金×金利×借入日数÷365 日として計算されるが、ここで借入日数を数える方法として、片端入れと両端入れがある。

片端入れとは、借入日と返済日のいずれか一方を借入日数に算入しない計算方法をいい、両端入れとは、借入日と返済日のいずれも算入する方法をいう。たとえば、4 月 1 日借入れ、4 月 30 日返済の場合を例に取ると、片端入れでは 29 日、両端入れでは 30 日となる。

なお、分母の日数に関しては、365 日とせず 360 日として計算する方法もある。

b）借主から金銭消費貸借契約証書の代りに約束手形（借主を振出人、貸主を受取人とする）を振出させて、手形金額に相当する額の貸付をすることを手形割引という。

適切でない。

問題文は「手形貸付」を指している。「手形割引」は、借主が商取引で受領した商業手形（取引先等が振出人、借主が受取人）を、支払期日到来前に金融機関等で資金化（割引）してもらうことをいう。

【手形貸付と手形割引の違い】

	手形貸付	手形割引
手形の振出人	自社（借主）	取引先等
手形の受取人	金融機関等（貸主）	自社
資金の返済	手形を担保とした貸付なので返済義務あり。	割引後手形が不渡りにならない限りは、手形の買戻しはない。

c）元本の返済方法に関し、返済開始から終了まで、毎回の返済額が均等になる返済方式を元利均等返済方式という。

適切。

元利均等返済方式は元金＋利息の総返済額が毎回一定額になるように計算されているので、徐々に元金返済額が増加していくこととなる。

一方、返済開始から終了まで、毎回の元金の返済額が均等になる返済方式を元金均等返済方式という。この方式は、元金＋利息の総返済額は徐々に減少していくこととなる。

d）金融機関が取引先の企業に対して定めた融資枠のことで、この枠内であれば一定期間いつでも審査を必要とせずに借入が可能となるものを、コミットメントラインという。

適切。

コミットメントラインのメリットは次の通り。

【資金調達側】

審査の必要がないため、迅速な資金調達が可能になるほか、流動資金を減らすことができ、貸借対照表のスリム化が実現する。

【金融機関側】

通常の金利に加え、コミットメントフィーを徴収するため、収益機会が増す。

問 24 - 3　解答：d

借入を行うにあたっての資金使途についての理解度を問う問題。資金使途は、実務上、次のように区分されることが多い。

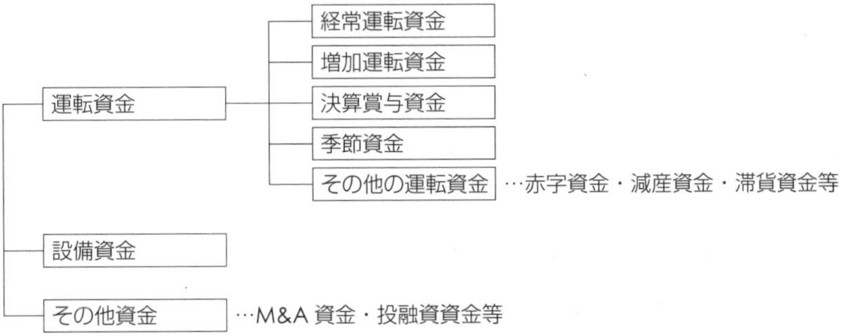

a）経常運転資金

適切。

企業は、原材料や商品を仕入れてから販売代金を回収するまでの間、事業活動を行う上で資金が必要となり、これを運転資金と呼んでいる。特段の条件変更や特殊要因がない状態で必要な運転資金を経常運転資金といい、概ね、売掛債権＋在庫－買掛債務で捉えることができる。

経常運転資金は、常時発生するが、定期的に借入を繰り返すことが多いため、短期借入金の資金使途として挙げることができる。

なお、売掛債権の回収条件の長期化、在庫の増加、買掛債務の支払条件の短期化等の理由により必要となる運転資金が増加するものを増加運転資金という。

b） 決算賞与資金

適切。

決算時には、賞与支給や法人税等の納税資金の確保が必要となる。これら一時的に支出する必要のある多額の資金に対応するためのものを決算賞与資金と呼ばれている。

決算賞与資金は、一時的な資金需要のために借入を行うため、短期借入金の資金使途として挙げることができる。

c） 季節資金

適切。

いわゆる季節性のある商品を取り扱っている企業の場合、毎年特定の時期に運転資金の需要が発生することがあり、これを季節資金と呼んでいる。季節資金も、一時的な借入を行うため、短期借入金の資金使途として挙げることができる。

d） 設備資金

適切でない。

設備資金とは、機械や工場等の設備投資に要する資金のことで、設備資金は、投資した資金の回収に長期間を要することから、返済金を長期に設定するのが通常である。よって、設備資金は、短期借入金ではなく、長期借入金の資金使途として挙げられる。

Chapter
25 社債管理

問 25 - 1　解答： d

社債に関する制度の理解度を問う問題。

> a）債券における投資家の権利移転をコンピューター上の振替口座簿における残高の増減額記録により行う決済制度にて扱う社債等を登録債という。

適切でない。

これは、「振替債」を意味し、「登録債」は、社債等登録法に基づき、債券を発行する際に本券が発行されず、登録機関に債券の銘柄名・額面・記番号等が登録された債券のことをいう。なお、登録債は、現在新規発行はされていない。

「振替債」には次のような特徴がある。

・完全な電子化を行うことにより、券面発行に係るコストの削減及び事務処理負担の軽減を実現。

・振替口座簿に記録される残高の増減記録の仕組みにより権利の移転が行われることから、円滑な流通が可能。

・発行、流通、償還全ての局面において DVP 決済（証券と資金の授受をリンクさせ、代金の支払いが行われることを条件に証券の引渡しを行う決済方法）が可能となり、信用リスクの削減が実現。

・事務処理の効率化や事務リスクの削減を図るため、一連の事務処理を電子的な情報処理で完結する決済照合システムと連動することにより約定照合から決済までの STP 化（人手を介さずに一連の作業をシームレスに行うこと）を実現。

b）社債は借入とは異なり、通常債権者が多数に及ぶこと、無担保社債が主流であることから、その発行は株式会社しか認められていない。

適切でない。

会社法施行後は、株式会社のほか、特例有限会社や合同会社等持分会社にも社債の発行が認められている。

c）社債の募集にあたり、公募債は、少額等の場合を除き、原則として有価証券報告書の提出が義務付けられている。

適切でない。

公募債の発行にあたっては「有価証券届出書」の提出が義務付けられている。ただし、発行価額・売出価額の総額が1億円未満の場合等投資家への影響が少ないと考えられる場合は、「有価証券届出書」の作成・提出は免除されている（なお、発行価額・売出価額の総額が1千万円超1億円未満の場合は、「有価証券通知書」の作成・提出が必要である）。

このように「有価証券届出書」は発行市場における開示媒体であるが、「有価証券報告書」は流通市場における開示媒体である。

d）社債の発行会社の全財産によって優先的に弁済される権利が付されている債券を一般担保付社債という。

適切。

社債は担保の有無により、社債は無担保のものが多いが、担保付きのものもある。また担保付社債は一般担保付社債と物上担保付社債がある。

一般担保付社債は、電力債、NTT債、JR債、メトロ債等設立に関する特別法に規定がある発行体により発行されている。

一方、物上担保付社債とは、社債券を担保するために物上担保が付された債券のことである。

問 25 - 2　解答：b

社債関係者の理解度を問う問題。

【社債管理者設置債のケース】

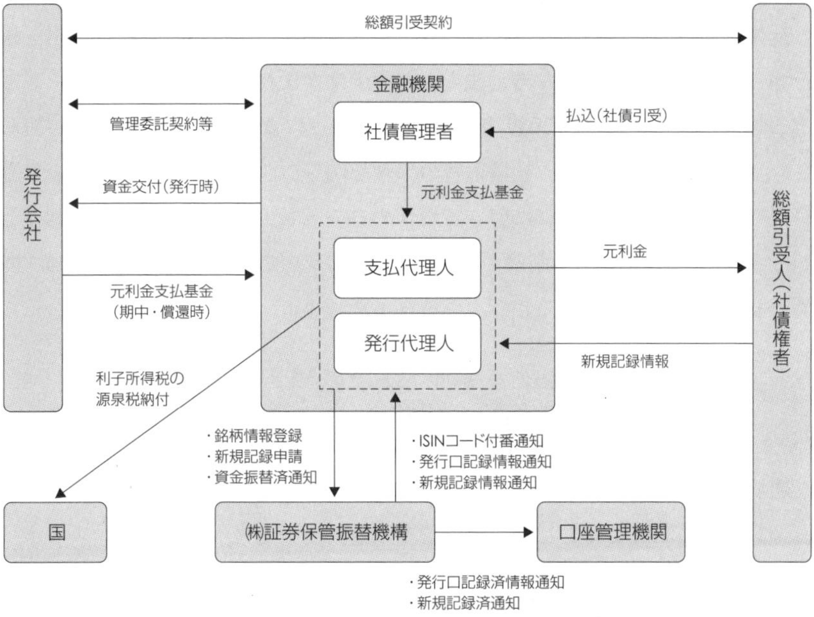

a）格付機関とは、債券等の元本・利息を社債発行者が償還まで予定通り支払えるかどうかの見通しを一定の記号で評価し、ランク付けをする機関のことをいう。

適切。

主な格付機関として、Moody's（ムーディーズ）、S&P（スタンダード・アンド・プアーズ）、R & I（格付投資情報センター）、JCR（日本格付研究所）等があり、信用格付けを行っている。

b) 社債管理者とは、社債権者のために社債に関する債権の弁済の受領、債権の保全等社債の管理を行う者のことで、その就任は銀行・信託銀行・弁護士法人・弁護士等一定の者に限られる。

適切でない。

社債管理者の責任の大きさから、社債管理者に就任できる者は銀行・信託銀行等金融機関に限られ、弁護士法人・弁護士は含まれていない。

しかし、改正会社法（2021年3月1日施行）によって、社債管理者が設置されない場合においても、社債権者の保護を図りつつ、社債管理者制度よりも権限や裁量を限定し、それに伴って責任やコストも小さく利用しやすい制度として、「社債管理補助者」制度が導入された。この「社債管理補助者」には、弁護士法人・弁護士が就任できるようになった。

c) 発行代理人とは、一般債振替制度において、発行者の代理人として、一般債に係る記録等の手続きを行う者をいう。

適切。

一般債振替制度とは、社債、地方債等の権利移転を完全ペーパーレスにより行う決済制度である。発行代理人とは、一般債振替制度において、発行者の代理人として、一般債に係る記録等の手続きを行う者のことである。

d) 財務代理人とは、社債管理者を設置しないような場合においても、発行者の代理人として、社債の発行・期中管理・元利金支払等事務手続きを行う者をいう。

適切。

各社債の金額が1億円以上である場合や当該種類の社債の社債権者の人数が50人未満である場合には社債管理者の設置義務は免除されるが、「財務代理人」はこのような場合に、社債の発行・期中管理・元利金支払等事務手続きを行う。

したがって、「財務代理人」は「社債管理者」とは異なり、あくまでも発行会社の代理人であるため、社債権者に対する義務はない。

問 25－3　解答：d

社債発行業務の理解度を問う問題。社債発行業務は次の流れで行われる。したがって、適切な選択肢は、d)④→①→③→②　である。

1.　社債発行要件定義：④社債発行に際し必要要件を定義する。

1.1.　発行要件定義

資金計画、社債調達決定、使途内容、金利市況、調達必要期間、調達必要額、想定金利を確認し、担保設定を検討の後、シミュレーションを実施し、発行要件を決定する。

1.2.　管理会社設定

候補会社を抽出、候補会社の情報収集を行い、ヒアリングを実施し、管理会社を決定する。

2.　社債発行取締役会付議：①社債発行を取締役会に付議する。

付議資料を準備し、付議内容を報告・説明し、取締役会で承認を得る。

3.　社債発行準備：③社債発行に際し格付けを取得し、管理会社等と契約を締結する。

3.1.　格付取得

格付機関に格付依頼し、提出書類を整備、格付機関からのヒアリングに対応し、格付を取得する。

3.2.　管理会社契約

管理会社と契約書を作成し、契約手続きを行う。

4.　社債発行実施：②社債発行に伴い入金処理を行い、諸費用の支払いを行う。

4.1.　入金

社債発行に伴い入金処理を行う。

4.2.　社債発行費算定

計算書を確認の上、発行費用を算定、社債期間を確認し、発行費用の処理方法を検討・決定する。

4.3.　計上

発行事実を踏まえ、会計伝票を起票、承認を得る。

問 25 - 4　解答：C

社債に関する会計・税務処理の理解度を問う問題。

a）社債発行費は支出時に一時の費用として計上するが、「繰延資産」として処理することも認められている。

適切。

社債発行費とは、社債募集のための広告費、金融機関の取扱手数料、証券会社の取扱手数料、目論見書・社債券等の印刷費、社債登記の登録免許税等社債発行のため直接支出した費用をいう。

企業会計基準委員会・実務対応報告第 19 号「繰延資産の会計処理に関する当面の扱い」では、社債発行費は、原則として支出時に費用（営業外費用）として処理するが、社債発行費を「繰延資産」に計上することもできるとしている。

なお、「繰延資産」として計上する場合は、社債の償還期間にわたり利息法により償却するのが原則的な扱いであるが、継続適用を条件として、定額法を採用することも可能としている。

b）税法上の社債発行費の償却限度額はその繰延資産の金額（過年度の損金処理額控除後）とされているため、税務上も社債発行費を一時の損金として計上することは可能である。

適切。

法人税法等では、繰延資産をその償却限度額以下の金額を損金経理した場合には、その額の損金算入が認められる。社債発行費の償却限度額はその繰延資産の金額（過年度の損金処理額控除後）とされているため、いついかなる金額の償却をするかはその法人の任意ということになる。したがって、初年度に一時の損金として処理することも可能である。

c）社債を発行したときは、契約締結時に額面金額（債務額）を負債に計上し、発行金額と額面金額との差額を「繰延資産」として計上する。

適切でない。

「金融商品に関する会計基準」では、社債を社債金額よりも低い価額又は高い価額で発行した場合、償却原価法に基づいて算定した価額をもって、貸借対照表価額としなければならない。

契約締結時点では発行価額で負債に計上し、額面金額との差額は、償還に至るまで毎期一定の方法（利息法・定額法）で貸借対照表価額に加減算し、加減算額は「社債利息」に含めて処理する。したがって、発行金額と額面金額との差額（社債発行差金）を「繰延資産」として計上することはない。

なお、償却原価法の償却方法は、法人税法等は定額法しか認めていない点に留意が必要である。

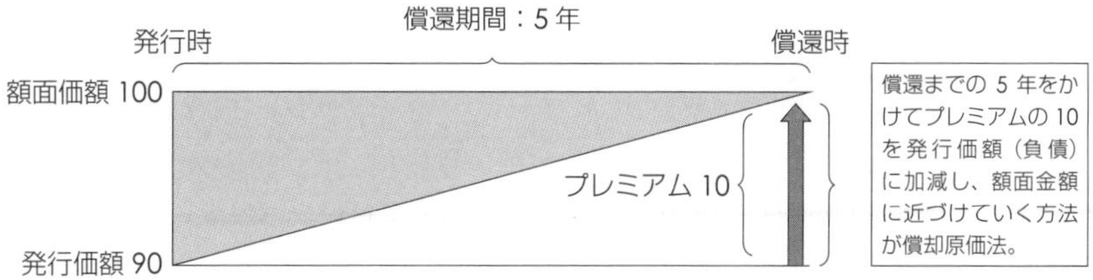

d）社債利息は発生主義により、経過期間に応じて費用として計上する。

適切。

社債利息は発生主義に基づき計上しなければならない。

Chapter 26 デリバティブ取引管理

問 26 - 1 解答： c

デリバティブ取引について理解度を問う問題。

a）オプション取引とは、将来の一定期日までに、対象となる商品を特定の価格で売り付ける権利又は買い付ける権利の取引をいう。

適切。

オプション取引では、対象商品を買う権利をコール・オプションといい、売る権利をプット・オプションという。

【コール・オプションとプット・オプション】

	コール・オプション	プット・オプション
買い手	コール・オプションの買い（買う権利を行使又は放棄）	プット・オプションの買い（売る権利を行使又は放棄）
売り手	コール・オプションの売り（買い手が権利を行使した時は売る義務あり）	プット・オプションの売り（買い手が権利を行使した時は買う義務あり）

b）スワップ取引とは、将来の一定期間に起こる経済価値が等価であると考えられる 2 つのキャッシュ・フローを相対する当事者間で合意した条件のもとで支払・受取を行う取引をいう。

適切。

たとえば、変動金利（金利指標＋1.0%）で借入れをしている企業は、将来金利の上昇があると考え、支払利息の上昇を抑えるために、固定金利に変更したいというニーズがある。この場合、変動金利（金利指標＋1.0%）と固定金利（2.5%）を交換する金利スワップ取引を用いることで、結果的に金利を 2.5%

に固定化することが可能となる。

c） 先渡取引（フォワード）・先物取引（フューチャー）とも、ある商品のある特定された量につき、将来の一定の日を受渡日として、現在定める価格で売買の約束をすることであるが、先渡取引は取引所取引であるのに対し、先物取引は相対取引である。

適切でない。

先渡取引が相対取引であるのに対し、先物取引は取引所取引である。

先物取引では、各契約の満期（限月）、取引時間、呼値、取引単位などの条件が標準化されていることから、取引所での取引に適しているといえるが、先渡取引の場合、取引条件は自由に決められ、取引所での取引になじみにくいことから相対取引となる。

d） 先渡取引・先物取引の決済方法について、先渡取引は受渡決済が原則であるのに対し、先物取引は差金決済が一般的である。

適切。

受渡決済とは、約束の日に実際に対象商品と代金の受渡を行う決済方法であるが、差金決済は、対象商品の受渡しをせず、反対売買により買値と売値の差額の授受でのみ決済を行う方法をいう。

問 26 - 2 解答：d

ヘッジ会計について理解度を問う問題。

ヘッジ会計とは、ヘッジ取引のうち一定の要件を満たすものについて、ヘッジ対象（リスクを抱えている資産等）に係る損益とヘッジ手段（ヘッジ目的のデリバティブ取引）に係る損益を同一の会計期間に認識し、ヘッジの効果を財務諸表に反映させる会計手法のことである。

a) 繰延ヘッジとは、ヘッジ対象（原資産等）に係る損益が認識されるまでは、ヘッジ手段（デリバティブ）に係る損益又は評価差額を、純資産の部において繰延べる処理をいう。

適切。

日本の会計基準においては、ヘッジ会計の方法としては、繰延ヘッジが原則的手法とされている。

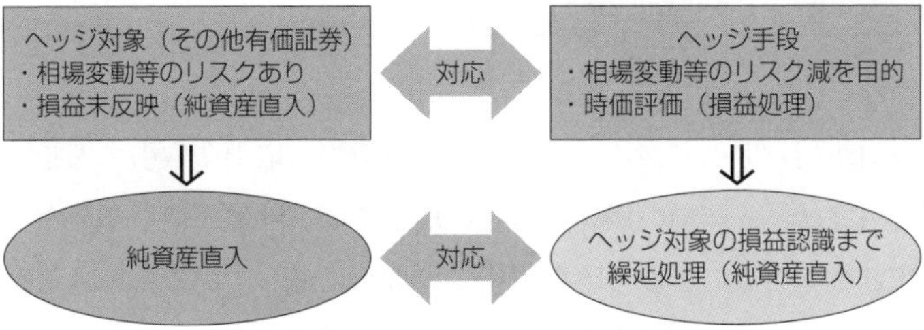

※ヘッジ対象、ヘッジ手段とも P/L には反映されない。

b) 時価ヘッジとは、ヘッジ対象である資産又は負債に係る相場変動等を損益に反映させる一方、ヘッジ手段（デリバティブ）も同様に損益に反映させることで、同一の会計期間に損益計算書にて対応させる処理をいう。

適切。

ただし、日本の会計基準では、時価ヘッジは、ヘッジ対象が「その他有価証券」の場合にのみ認められている。

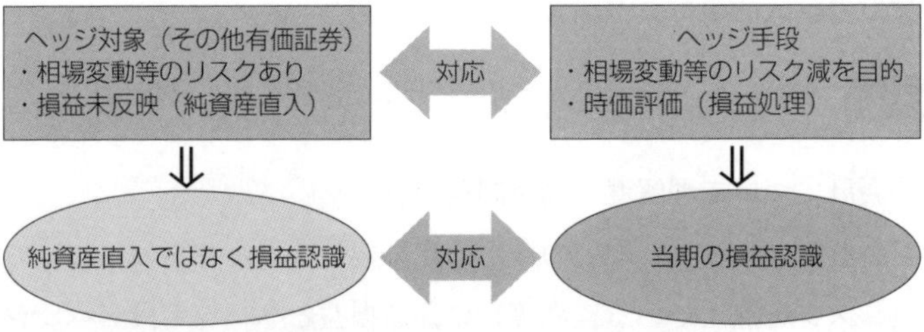

※ヘッジ対象、ヘッジ手段とも P/L に反映される。

c）ヘッジ取引は特殊な取引であることから、ヘッジ取引開始時に一定の要件を満たす必要があるほか、ヘッジ取引時以降においても、一定のヘッジ有効性の評価を行うことが求められる。

適切。

具体的には以下の要件を満たす必要がある。

1. ヘッジ取引開始時の要件（事前テスト）

【文書による確認】

ヘッジ取引が企業のリスク管理方針に従ったものであることが、取締役会議事録、稟議書等の文書により確認できること。

【内部規程及び内部統制組織の存在による確認】

企業のリスク管理方針に関して明確な内部規程及び内部統制組織が存在し、ヘッジ取引がこれに従って処理されることが期待されること。

2. ヘッジ取引時以降の要件（事後テスト）

ヘッジ対象とヘッジ手段の損益が高い程度で相殺される状態又はヘッジ対象のキャッシュ・フローが固定されその変動が回避される状態にあるか等の定期的な確認がされていること（ヘッジ有効性の評価）。

d）ヘッジ会計が適用されるヘッジ対象（原資産等）には、相場変動等がその評価に反映され、評価損益も損益計算書上、損益として反映されるもの（例：売買目的有価証券）が含まれる。

適切でない。

ヘッジ会計が適用されるヘッジ対象（原資産等）には、次のものがある。つまり、売買目的有価証券のように、相場変動等に係る評価損益が損益計算書上、損益として反映されるものは、ヘッジ会計の適用対象にはならない。

・相場変動等による損失の可能性がある資産又は負債で、その資産又は負債に係る相場変動等が評価に反映されていないもの（例：固定金利の貸付金。変動金利がその固定金利より上昇した場合、その貸付金の価値は低下するため）

・相場変動等が評価に反映されているが、評価差額が損益として処理されていないもの（例：「その他有価証券」に区分される有価証券）
・その資産又は負債に係るキャッシュ・フローが固定され、その変動が回避されるもの（例：変動金利の借入金を、変動受取り・固定支払いの金利スワップでキャッシュ・フローを固定化する場合の、その借入金）

問 26 - 3　解答：b

デリバティブ取引管理の内部統制についての理解度を問う問題。

> a）デリバティブ取引は複雑な取引であることから、予め、諸規程を整備し、責任者・担当者の権限、取引の手続を明確化しておくとともに、取引の種類・金額についても担当者の裁量の範囲を定めておくことは重要である。

適切。

諸規程の整備は、内部統制の基本的要素の一つである統制環境の整備に該当し、内部統制の有効性の規準にもなることから重要である。

特にデリバティブ取引は瞬時にして損失額が拡大する等リスクが大きい取引であることから、責任者・担当者の権限、取引の手続を明確化しておくことがリスク管理に繋がる。

> b）デリバティブ取引の利用目的としてヘッジ目的、投機目的、裁定目的が挙げられるが、企業がヘッジ目的以外でデリバティブ取引を活用することは常に内部統制上問題がある。

適切でない。

デリバティブの目的として次の3通りが挙げられる。

① ヘッジ目的

現存の資産・負債や将来予定される取引が相場の変動やキャッシュ・フローの変動によって不利な状況に陥らないようにするためにデリバティブ取引を利用すること。

② 投機目的

純粋にデリバティブの価格の値上がり、値下がりを見込み、短期間で利益を得る目的でデリバティブ取引を利用すること。

③ 裁定目的

価格形成の歪みを利用して利益を獲得するためにデリバティブ取引を利用すること。

企業の多くはヘッジ目的でデリバティブを利用しているところが多いと考えられるが、自社で専門的な人員・体制を擁し、リスク管理方針等にも謳い、リスク管理等を徹底していれば、投機目的や裁定目的でデリバティブ取引を活用したとしても、内部統制上問題であるとは言えない。要は、そのデリバティブ取引が方針に沿って行われ、自社のリスク許容度内に収まっているか等定期的なリスク評価を行い、チェックしていくことが内部統制上重要である。

c) デリバティブ取引には様々なリスクを伴うため、予めリスク管理方針、デリバティブ利用方針を定めておく。

適切。

デリバティブ取引には市場リスク、信用リスク、オペレーションリスク、流動性リスク、リーガル・リスク、システミック・リスク等様々なリスクがあることから、取引にあたっては、リスク管理を徹底する必要がある。そのためには、予めリスク管理方針やデリバティブ利用方針を定めておく必要がある。

d) デリバティブ取引を実行する部署と取引の記帳・管理をする部署に分離するといった職務の分離を行うことは内部統制上有効な施策と考えられる。

適切。

内部統制では、業務の適正さを保つ組織体制を築き維持していくことが求められるので、職務の分離は内部統制システムを有効に機能させるための一方策である。特にデリバティブ取引のようなリスクの大きな取引については、実行する部署と記帳・管理部署、資金管理部署とを分離し、組織として互いに牽制をかけるようにすることが重要である。

Chapter 27 外貨建取引管理

問 27 - 1　解答：b

為替リスクのヘッジ方法について理解度を問う問題。

a）ドル建ての輸出の売掛金について、先物為替予約を付すこと。

適切。

先物為替予約とは、デリバティブ取引の一つで、将来の特定の日あるいは期間内に、外国為替の受渡しをする契約のことをいう。たとえば、ドル建ての輸出を行い、その決済期限が3カ月後とした場合、先物為替の売り予約をすることで予め円貨額を確定することが可能となる。

つまり、ドル建ての売掛金は為替変動により決済時に目減りするリスクがあることから、これに対応するために先物為替予約を付すことによって為替リスクをヘッジすることが可能となる。

b）ドル建てで輸出を行っている企業が、輸入を円建てで行うこと。

適切でない。

ドル建てで輸出を行っている企業はドル建ての債権を有することになるため、為替リスクをヘッジするためには、これに対応するドル建ての債務を有しなければならない（債権通貨と債務通貨の同一化）。

したがって、輸入についても、円建てではなくドル建てで行う必要がある。

c）親会社が子会社等の債権債務を一括管理し、ネッティングを活用すること。

適切。

グローバルに事業を展開する企業では、国内外に多くの子会社・関連会社をもち、各社が多くの貿易取引を行っているため、各社において外貨建の債権債務を有している。

ネッティング（相殺）とは、各種取引に伴う受取債権と支払債務を相殺し合い、債権・債務の差額である正味（ネット）額のみを送金決済することをいう。親会社のネッティングセンターがグループ間の債権債務を一括管理・差額決済を行うことで、為替リスクの一部をヘッジすることが可能となる。

なお、ネッティングは決済の当事者数によって次の2つに分けられる。

① バイラテラル・ネッティング

二者間で行われるネッティング。両社は一定期間になされた取引を逐次決済せず、オープンアカウントとよばれる勘定に共通の通貨（ドルまたは円）で貸借記帳する。それを、一定の決済日に相殺し、差額分だけを送金決済するものである。

② マルチラテラル・ネッティング

三者以上の多数者間で行われるネッティング。この場合、国際金融子会社をネッティングセンターとして、ここへメンバー各社間でなされた膨大な量の各種取引の情報を報告し、集約する。その際には、様々な通貨建てでなされる取引は、一定の換算レートで、共通の通貨建てに換算して記帳される。それを、期日にはセンターが集計し、各社ごとのネット債権・債務を確定して通知し、通常の方法としては、メンバー各社はセンターとの間で差額を決済するのである。

d）買い持ちの為替ポジションを持つ企業が、同じ通貨で同額の借入金で資金調達を行うこと。

適切。

為替ポジションが「買い持ち」ということは、外貨建債権の方が外貨建債務より多いことを意味しており、その差額分が為替リスクを負っていることになるため、それに相当する分の債務を同じ通貨で保有することで、為替リスクをヘッジすることが可能となる。

逆に、為替ポジションが「売り持ち」の場合は、外貨建債務の方が外貨建債権より多いことになるため、その差額分を同じ通貨の債権で保有することが為替リスクのヘッジにつながる。

問 27 - 2　解答：b

外貨建資産の会計処理について理解度を問う問題。取引発生時においては、各取引が発生した時点での為替相場により円換算するが、決算時において未決済額がある場合は、その円換算額を決定する必要がある。

外貨建取引等会計処理基準は、本店の外貨建項目の換算について貨幣・非貨幣法を採用しており、外国通貨、金銭債権債務、有価証券等の金融商品は原則として、貨幣性項目であることから決算時の為替レートで換算替えを行い、棚卸資産や有形固定資産等の非貨幣性項目は決算時には換算替えを行わない。

【主な外貨建資産・負債の期末換算・評価】

区　分	貸借対照表計上額	期末時換算レート	評価差額の処理	換算差額の処理
外国通貨	取得原価	決算時レート	なし	当期の損益
外貨預金	取得原価	決算時レート	なし	当期の損益
その他外貨建金銭債権債務	取得原価（＊ 1）	決算時レート	なし	当期の損益
有価証券				
売買目的有価証券	時価	決算時レート	当期の損益	当期の損益
満期保有目的債券	取得原価又は償却原価	決算時レート（＊ 2）	なし	当期の損益
子会社及び関連会社株式	取得原価	取得時レート	なし	なし
その他有価証券	時価（＊ 5）	決算時レート（＊ 3）	純資産の部（税効果控除後）（＊ 3）（＊ 4）	純資産の部（＊ 3）（＊ 4）
デリバティブ（原則）	時価	決算時レート	当期の損益	当期の損益

（＊ 1）債権にあっては、貸倒見積高を控除する。

（＊ 2）当期償却額は、期中平均レートで換算。

（＊ 3）債券については、外貨時価変動に係る換算差額を評価差額とし、それ以外の換算差額については当期の損益に計上する処理も可能。

（＊ 4）連結財務諸表においては、当期の増減を「その他の包括利益」として連結包括利益計算書に表示することになる。

（＊ 5）但し、市場価格のない株式等にあっては取得原価。

> a）その他有価証券に分類される上場株式：決算時における時価に決算時の為替レートを乗じた金額。

適切。

その外貨建資産が有価証券の場合は、決算時においては、評価と換算を検討する必要がある。有価証券のうち、「その他有価証券」に分類されるもので市場価格のあるものについては、決算時の時価で評価を行い、円換算も決算時の為替レートで換算替えを行う。

評価・換算差額は、全部純資産直入法の場合は、税効果会計適用後の金額を純資産の部に計上する。一方、部分純資産直入法の場合は、評価・換算損の出ている銘柄は、損益計算書上「有価証券評価損」勘定等で計上し、評価・換算益が出ている銘柄は、全部純資産直入法と同様の処理を行う。

> b）子会社株式：取得原価に決算時の為替レートを乗じた金額。

適切でない。

子会社株式は有価証券ではあるものの、事業用資産の性質をもつことから非貨幣性項目として扱われ、決算時に評価や換算替えを行わない。したがって、決算時の貸借対照表価額も、取得原価に取得時の為替レートを乗じた金額のままとなる。

> c）売買目的有価証券：決算時における時価に決算時の為替レートを乗じた金額。

適切。

売買目的有価証券は決算時に評価や換算替えを行い、決算時の貸借対照表価額は、決算時における時価に決算時の為替レートを乗じた金額となる。

この場合の評価・換算差額は、損益計算書上「有価証券評価益」又は「有価証券評価損」として損益に計上する。

> d）売掛金：取得原価に決算時の為替レートを乗じた金額。

適切。

外貨建売掛金も貨幣性項目であることから決算時の為替レートで換算替えを行うこととなる。換算差額は損益計算書上、「為替差損益」として損益に計上する。

問 27 - 3 解答：d

為替予約の会計処理について理解度を問う問題。為替予約の会計処理については、大きく独立処理と振当処理とがある。

独立処理とは、為替予約取引それ自体を、外貨建取引とは別個のデリバティブ取引として会計処理を行うものである。一方、振当処理とは、為替予約取引と外貨建取引を別個の処理とはみず、一体としてみる会計処理をいい、金融商品会計基準におけるヘッジ会計の要件を満たし、かつ、為替予約等によって円貨のキャッシュ・フローが固定化されている場合に認められている方法である。

a) ヘッジ対象が物品の売買・役務の授受に係るもの（売掛金・買掛金等）であり、取引発生時に為替予約が付された場合、当該予約レートにより、当該売掛金・買掛金等を円換算する。

適切。

外貨建取引と為替予約取引が同じタイミングで行われていることから、外貨建て売掛金・買掛金等を当該予約レートに乗じて円換算することで円貨額を確定させる。

b) ヘッジ対象が物品の売買・役務の授受に係るもの（売掛金・買掛金等）であり、取引発生後に事後的に為替予約が付された場合、取引発生時の売掛金・買掛金等の金額と、当該予約レートによる円換算額を直々差額と直先差額の2要因に分け、前者は予約日の属する期の損益として処理し、後者は、原則として為替予約等の契約締結日から外貨建金銭債権債務の決済日の期間にわたり期間配分する。

適切。

外貨建取引後に事後的に為替予約を付す場合、外貨建取引発生時点では、円貨額は確定していないことから、以下の直々差額と直先差額の2要因の為替決済損益が発生する。

【直々差額と直先差額】

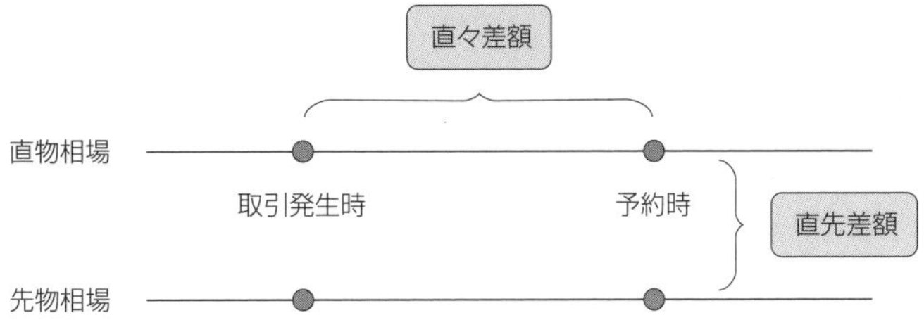

直先差額は、直物相場と先物相場の差で、2国間の金利差を表していることから、原則として、為替予約等の契約締結日から外貨建金銭債権債務の決済日の期間にわたり期間配分するが、直々差額はa)と同様、予約日の属する期の損益として処理する。

c) ヘッジ対象が資金の借入又は貸付に係るものであり、取引発生時に為替予約が付された場合、直先差額が発生することから、原則として為替予約等の契約締結日から外貨建金銭債権債務の決済日の期間にわたり期間配分する。

適切。

短期貸付金や短期借入金等の場合、取引発生時に為替予約が付された場合であっても、直先差額が生じることから、b)と同様、為替予約等の契約締結日から外貨建金銭債権債務の決済日の期間にわたり期間配分する。

d) ヘッジ対象が資金の借入又は貸付に係るものであり、取引発生後に事後的に為替予約が付された場合、直先差額は予約日の属する期の損益として処理し、直々差額は、原則として為替予約等の契約締結日から外貨建金銭債権債務の決済日の期間にわたり期間配分する。

適切でない。

「直先差額」と「直々差額」の処理が逆である。正しくは、b)と同様、「直々差額」は予約日の属する期の損益として処理し、「直先差額」は、原則として為替予約等の契約締結日から外貨建金銭債権債務の決済日の期間にわたり期間配分する。

Chapter
28 資金管理

問 28 - 1　解答：c

設備投資資金計画について理解度を問う問題。

> a) 設備投資にあたっては、まずは何のために設備投資を行うのか、それによってどのような効果が期待できるのかを明確にすることが重要である。

適切。

設備投資の目的には、大きく次のようなものがあるが、それぞれの目的に応じてどのような効果が期待できるのかを計画段階できちんと構想しておくことが肝要である。

① 生産設備投資：増産拡大目的、合理化目的、省力化目的、高度化目的、取替更新目的、環境改善目的、研究開発目的等
② 販売拠点投資：拠点拡大目的、改装目的等
③ 物流拠点投資：拠点拡大目的、合理化目的、省力化目的等
④ IT 投資：合理化目的、効率化目的等

> b) 設備投資は会社の将来を長期にわたって方向づける戦略的な投資であることから、内部資金の活用、増資又は社債発行・長期借入金といった長期の資金調達方法で資金を調達するのが望ましい。

適切。

設備投資資金の調達方法として、通常、以下のものがある。

【設備投資資金の調達方法】

主な資金調達方法	特　徴
内部資金 （自己金融）	留保利益、減価償却等通常のビジネスで生んだ内部資金であり、返済義務はない。利払いはないものの、資本コストは発生している。
増資	資本市場を通じて多額の資金調達が可能。返済義務はなし。ただし、資本コストは発生している。
社債の発行	資本市場を通じて多額の資金調達が可能。返済義務があり、利息の支払もあるが、税務上損金算入可能。
長期借入金	メインバンクより設備投資資金の借入として最も一般的。返済義務があり、利息の支払もあるが、税務上損金算入可能。
リース	初期に多額の資金を必要とせず、資金流出を均等化することが可能。中途解約は基本的に不可で、リースに係るコストも発生。

c）設備投資の投資効果を測定する手法として、総資産利益率（ROA）を使用するのが望ましい。

適切でない。

通常、設備投資の投資効果を測定する手法として以下のものが挙げられる。

① 投資利益率

投資利益率（%）＝投資利益÷投資額×100

メリット：規模の異なる投資の比較が可能となる。

デメリット：長期投資の場合、貨幣の時間的価値が反映されない。

② 回収期間法

回収期間（年）＝投資額÷年間の創出キャッシュ・フロー

メリット：計算が簡易。

デメリット：長期投資の場合、貨幣の時間的価値が反映されない。投資回収後のキャッシュ・フローは無視されやすい。

③　割引現在価値法（DCF 法）

将来のキャッシュ・フローを一定の割引率を用いて現在価値に換算することで、初期投資額と比較し、現在価値が初期投資額を上回れば、投資以上の価値を創出しているとみる。

$$\text{正味現在価値（NPV）} = \frac{C_1}{1+r} + \frac{C_2}{(1+r)^2} + \cdots + \frac{C_n}{(1+r)^n} - C_0$$

C：キャッシュ・フロー
r：割引率
n：投資期間

メリット：貨幣の時間的価値が反映されることから、長期投資の評価にも適している。

デメリット：割引率に何を用いるかで計算結果が大きく変わる。

総資産利益率（ROA）は、総資産に対する当期純利益の比率で、企業がすべての資産を利用してどれだけの利益を上げているかを示す総合的な収益性の財務指標であることから、設備投資の投資効果を測定する手法としては適しているとはいえない。

d）固定長期適合率は、固定資産への投資が長期資金（自己資本＋固定負債）の枠内で賄われているかを示す指標で、一般的にこの値が 100%以下であるのが望ましいとされている。

適切。

固定長期適合率は以下の算式で計算され、100％以下であるということは、固定資産額が、自己資本と固定負債の合計額より下回っていることを意味するため、固定資産への投資が長期資金の範囲内であることを示している。

固定長期適合率（%）＝固定資産÷（自己資本＋固定負債）×100

問 28 - 2　解答：b

加重平均資本コスト（WACC）について理解度を問う問題。

WACC は、事業の現在価値を求めるための割引率（資本コスト）として利用され、負債（他人資本）コストと自己資本（株主資本）コストを、時価ベースの負債と自己資本の比率に応じて加重平均した値のことで、会社全体の調達した資金に対するコストともいえる。

WACC は次の算式で算出される。したがって、正解は b）である。

WACC＝株主資本コスト×株主資本比率（※ 1） ＋負債コスト×（1－実効税率）×負債比率（※ 2）

※ 1）株主資本比率＝$\frac{\text{株主資本総額}}{\text{株主資本総額}+\text{負債総額}}$

※ 2）負債比率＝$\frac{\text{負債総額}}{\text{株主資本総額}+\text{負債総額}}$

株主資本総額には時価即ち、株式時価総額を用い、負債総額には純有利子負債（有利子負債－現預金）を用いる。

【株主資本コスト】

株主資本コストは、投資家がターゲット企業に投資する際に期待する投資利回りのことで、経営者にとっては越えなければならないハードルでもあるため、ハードル・レートとも呼ばれる。株主資本コストは、以下の算式によって算出される（CAPM 理論：Capital Asset Pricing Model）。

株主資本コスト＝リスクフリーレート（※ 3） ＋エクイティ・リスクプレミアム（※ 4）×β（ベータ）値（※ 5）

※ 3）リスクフリーレートとは、リスクをほとんど負うことなく獲得できる利回りのことで、通常 10 年長期国債の利回りを用いる。

※ 4）エクイティ・リスクプレミアムとは、仮に株式市場全体に投資すると仮定した場合、投資家がリスクフリーレートから追加的に求める期待利回りのこと。株式市場全体の投資の利回りからリスクフリーレートを差引いたものである。

※ 5）β 値とは、ターゲット企業の株式（個別銘柄）への投資が、株式市場全体への投資と比較して、どれだけのリスク（価格の変動幅＝ボラティリティ）があるかを示す係数。

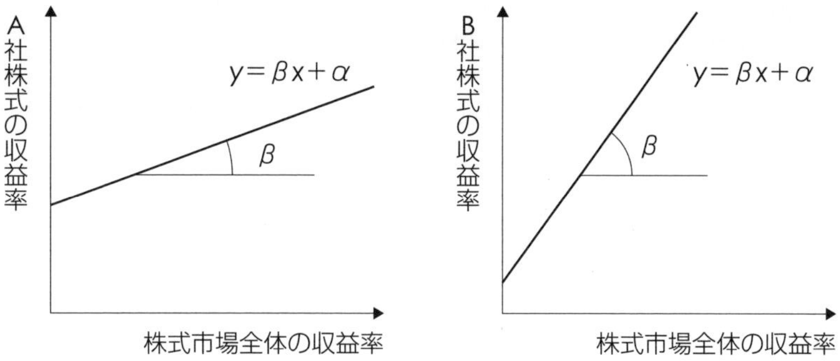

たとえば、上図のA社株式とB社株式の投資を比較してみると、A社株式（β＜1）は、株式市場全体よりもボラティリティが低く、B社（β＞1）は株式市場全体よりもボラティリティが高いことを示している。したがって、β値が大きいほどリスクが高くなるということになる。またβ＝1の場合は、個別銘柄のリスクは株式市場全体のリスクと同一ということを意味する。

【負債コスト】

負債コストは、有利子負債のコスト、つまり支払利息を指す。ただし、支払利息は法人税の課税所得の計算上損金算入されることから、その節税効果を反映し、（1－実効税率）を乗じて算定する。

問 28 - 3　解答：d

キャッシュ・コンバージョン・サイクル（CCC）の理解度・計算力を問う問題。

a）売掛債権回収日数（売掛債権回転日数）

売掛債権回収日数は以下の算式で算定され、期間が短いほど現金化が早いことを意味する。

売掛債権回収日数（日）＝売掛債権÷（1日当たりの売上高＝売上高÷365）

前期の売掛債権回収日数＝4,000百万円÷（20,000百万円÷365日）＝73.0日

当期の売掛債権回収日数＝5,000百万円÷（22,000百万円÷365日）≒83.0日

したがって、売掛債権回収日数は、前期に比べ10日長期化しており、現金化するのが遅れているといえる。

b） 棚卸資産在庫日数（在庫回転日数）

棚卸資産在庫日数は以下の算式で算定され、期間が短いほど在庫がすぐに使用または販売されていることを表す。

棚卸資産在庫日数(日)＝棚卸資産÷(1日当たりの売上原価＝売上原価÷365)

前期の棚卸資産在庫日数＝3,000百万円÷(12,000百万円÷365日)≒91.3日
当期の棚卸資産在庫日数＝4,000百万円÷(14,000百万円÷365日)≒104.3日

したがって、棚卸資産在庫日数は、前期に比べ13日長期化しており、在庫の現金化が遅れているといえる。

c） 買掛債務支払日数（買掛債務回転日数）

買掛債務支払日数は以下の算式で算定され、期間が長いほど、支払期間が延長され、現金が手元に残ることを意味する。

買掛債務支払日数(日)＝買掛債務÷(1日当たりの売上原価＝売上原価÷365)

前期の買掛債務支払日数＝2,500百万円÷(12,000百万円÷365日)≒76.0日
当期の買掛債務支払日数＝4,000百万円÷(14,000百万円÷365日)≒104.3日

したがって、買掛債務支払日数は、前期に比べ28日長期化しており、現金が手元に残っているといえる。

d） キャッシュ・コンバージョン・サイクル（CCC）

CCCとは、営業循環サイクル（商品を仕入れてから販売代金を回収するまでの期間）の中でキャッシュが循環化する期間（日数）を示すもので、次の算式で計算される。CCCは、短いほど運転資金の必要な期間が短くなり、資金繰りが改善することを意味する。

CCC(日)＝売掛債権回収日数＋棚卸資産在庫日数－買掛債務支払日数

前期のCCC≒73.0日＋91.3日－76.0日＝88.3日
当期のCCC≒83.0日＋104.3日－104.3日＝83.0日

したがって、CCCは前期に比べ5日短縮化しており、資金繰りは改善していることがわかる。ただし、これはもっぱら買掛債務支払日数の寄与が大きいためであり、売掛債権回収日数及び棚卸資産在庫日数はむしろ長期化しているため、経営上はこれらを短縮化する施策の検討が必要となる。

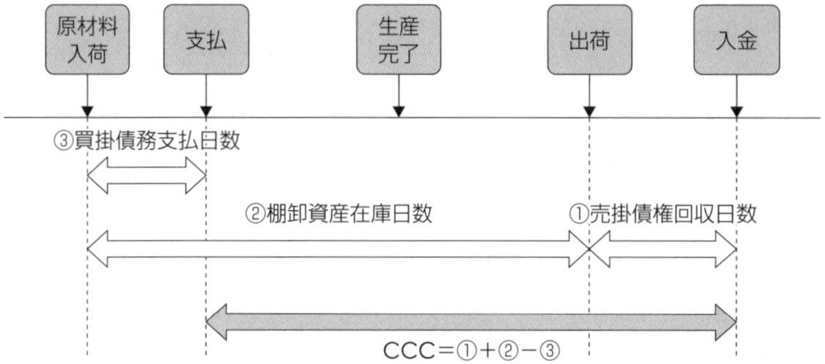

問28-4　解答：b

資金運用表について理解度を問う問題。

資金運用表は、2期の貸借対照表を比較対照し、各科目間の在高の増減をとらえ、資金の源泉（調達）と資金使途（運用）に分類整理し、一定期間における資金の動きを示した表である。通常、運転資金・固定資金・財務資金の3つの区分ごとに資金余剰又は不足を表し、それぞれの資金余剰・資金不足の原因究明ができるというメリットがある。

a）減価償却費は、資金の源泉（調達）として捉えられる。

適切。

減価償却費は資金流出のない費用であることから、資金運用表上は、固定資金の部における資金の源泉（調達）として捉えられる。

b）売上債権の減少は、資金使途（運用）として捉えられる。

適切でない。

売上債権の減少は資金の回収（増加）を意味することから、資金使途（運用）

【資金運用表】

（自 X01 年 4月 1日　至 X02年 3月 31 日）　　（単位：百万円）

	運用		調達	
運転資金	売上債権増加		売上債権減少	
	仕入債務減少		仕入債務増加	
	商品在庫増加		商品在庫減少	
	運転資金余剰①		運転資金不足②	
	合計		合計	
固定資金	法人税等支払		税引前当期純利益	
	配当金支払		減価償却費	
	固定資産増加		固定資産減少	
	固定負債減少		固定負債増加	
	固定資金余剰③		固定資金減少④	
	合計		合計	
財務資金	運転資金不足②		運転資金余剰①	
	固定資金不足④		固定資金余剰③	
	資本の減少		増資	
	短期借入金減少		短期借入金増加	
	長期借入金減少		長期借入金増加	
	現金・預金増加		現金・預金減少	
	合計		合計	

ではなく、資金の源泉（調達）として捉えられる。区分は運転資金の部で表示される。

c）税引前当期純利益は、資金の源泉（調達）として捉えられる。

適切。

税引前当期純利益は、自己資本（株主資本）の増加を意味し、資金の増加につながることから、固定資金の部における資金の源泉（調達）として捉えられる。

d）配当金の支払いは、資金使途（運用）として捉えられる。

適切。

配当金の支払いは、資金の減少を意味することから、固定資金の部における資金使途（運用）として捉えられる。

問 28 - 5　解答：d

キャッシュ・フロー計算書についての理解度を問う問題。キャッシュ・フロー計算書は大きく次の3つの区分構成となっている。

① 営業活動によるキャッシュ・フロー（営業 CF）

企業が外部からの資金調達に頼ることなく営業能力を維持し、新規投資を行い、借入金を返済し、配当を支払うためにどの程度の資金を営業活動から獲得したかを示す。以下のようなものがある。

・営業損益計算の対象となった取引に係るキャッシュ・フロー（例：売上、売上原価、販管費等に含まれるキャッシュ・フロー）

・営業活動に係る債権債務から生じるキャッシュ・フロー（例：売上債権・棚卸資産・買掛債務の増減）

・投資活動・財務活動以外の取引に係るキャッシュ・フロー（例：保険金収入、損害賠償金）

② 投資活動によるキャッシュ・フロー（投資 CF）

将来の利益獲得や資金の運用のためにどの程度の資金を支出し、回収したかを示す。以下のようなものがある。

・固定資産の取得・売却

・資金の貸付・回収

・有価証券の取得・売却

③ 財務活動によるキャッシュ・フロー（財務 CF）

営業活動及び投資活動を維持するためにどの程度の資金が調達又は返済されたかを示す。以下のようなものがある。

・資金調達（増資・借入・社債発行等）

・借入金の返済、社債の償還等、配当金の支払い

【キャッシュ・フロー計算書】

（自 X01 年 4月 1日　至 X02年 3月 31 日）

（単位：百万円）

項目	金額
Ⅰ 営業活動によるキャッシュ・フロー	
(1)当期純利益(＋)	
(2)非資金の費用項目	
1. 減価償却費(＋)	
2. 諸引当金の増加(＋)・減少(－)額	
(3)回収・支払サイト	
1. 受取手形の増加(－)・減少(＋)額	
2. 売掛金の増加(－)・減少(＋)額	
3. 棚卸資産の増加(－)・減少(＋)額	
4. その他の流動資産の増加(－)・減少(＋)額	
5. 支払手形の増加(＋)・減少(－)額	
6. 買掛金の増加(＋)・減少(－)額	
7. 前受金の増加(＋)・減少(－)額	
8. その他の流動負債の増加(＋)・減少(－)額	
9. その他の固定負債の増加(＋)・減少(－)額	
(Ⅰの計)	
Ⅱ 投資活動によるキャッシュ・フロー	
1. 有価証券の購入(－)・売却(＋)額	
2. 短期貸付金の貸付(－)・回収(＋)額	
3. 土地の購入(－)・売却(＋)額	
4. 減価償却資産の増加(－)・減少(＋)額	
5. 建設仮勘定の増加(－)・減少(＋)額	
6. 無形固定資産の増加(－)・減少(＋)額	
7. 投資有価証券の購入(－)・売却(＋)額	
8. 長期貸付金の貸付(－)・回収(＋)額	
9. その他の固定資産の増加(－)・減少(＋)額	
10. 繰延資産の増加(－)・減少(＋)額	
(Ⅱの計)	
フリー・キャッシュ・フロー(Ⅰ＋Ⅱ)	
Ⅲ 財務活動によるキャッシュ・フロー	
1. 短期借入金の増加(＋)・減少(－)額	
2. 長期借入金の増加(＋)・減少(－)額	
3. 社債の増加(＋)・返済(－)額	
4. 増資(＋)額	
5. 自己株式の取得(－)・処分(＋)額	
6. 剰余金の配当の支払(－)額	
(Ⅲの計)	
現金及び現金同等物の増加・減少額(Ⅰ＋Ⅱ＋Ⅲ)　(Ⅳ)	
現金及び現金同等物の期首残高　(Ⅴ)	
現金及び現金同等物の期末残高(Ⅳ＋Ⅴ)	

a)　無形固定資産の取得は、投資活動によるキャッシュ・フローの減少要因である。

適切。

無形固定資産の取得は上記②の通り、投資 CF に該当し、無形固定資産の取得により資金は流出することから、投資 CF の減少要因となる。

b） 配当金の支払いは、財務活動によるキャッシュ・フローの減少要因である。

適切。

配当金の支払いは株主への分配であることから、上記③の通り、財務CFに該当し、配当金の支払いにより資金は流出することから、財務CFの減少要因となる。

c） 売掛金の増加は、営業活動によるキャッシュ・フローの減少要因である。

適切。

売掛金の増加は、上記①の通り、営業CFに該当し、売掛金の増加により、資金の流入にタイムラグが生じていることから、営業CFの減少要因となる。

d） 配当金の受取りは、財務活動によるキャッシュ・フローの増加要因である。

適切でない。

「連結キャッシュ・フロー計算書等の作成基準の設定に関する意見書」（平成10年3月13日　企業会計審議会）によれば、利息・配当金の表示区分として、次の2つの方法を挙げており、継続適用を要件として選択適用を認めている。

① 損益の算定に含まれる受取利息・受取配当金・支払利息を「営業活動によるキャッシュ・フロー」の区分に記載し、損益の算定に含まれない支払配当金を「財務活動によるキャッシュ・フロー」の区分に記載する方法

② 投資活動の成果である受取利息・受取配当金を「投資活動によるキャッシュ・フロー」に記載し、財務活動上のコストである支払利息・支払配当金を「財務活動によるキャッシュ・フロー」に記載する方法

したがって、配当金の受取りは、営業CFまたは投資CFの増加要因といえるが、財務CFの増加要因とはいえない。

問 28 - 6　解答：a

キャッシュ・フロー計算書についての理解度を問う問題。

営業活動によるキャッシュ・フロー（営業 CF）がマイナス、投資活動によるキャッシュ・フロー（投資 CF）もマイナスであるが、財務活動によるキャッシュ・フロー（財務 CF）がプラスである場合がいずれのケースであるかを考える。

> a）新規投資を積極的に行い、資金調達も順調に行っているものの、まだ営業活動として結果がでていない状況。

適切。

営業 CF：まだ営業活動として結果がでていない状況からマイナスと考えられる。

投資 CF：新規投資を積極的に行っていることからマイナスと考えられる。

財務 CF：資金調達も順調に行っていることからプラスと考えられる。

> b）営業活動が順調で、新規投資も積極的に行っており、余裕資金で有利子負債の圧縮等財務体質を改善している状況。

適切でない。

営業 CF：営業活動が順調であることからプラスと考えられる。ただし、急速に成長しているような会社の場合は売掛金が急増している可能性もあることからマイナスである可能性も考えられる。

投資 CF：新規投資を積極的に行っていることからマイナスと考えられる。

財務 CF：余裕資金で有利子負債の圧縮等財務体質を改善していることからマイナスと考えられる。

> c）営業活動による資金不足分を、事業ポートフォリオの最適化や低稼働の固定資産の処分等で補い、余った資金を有利子負債の圧縮等、財務体質の改善に当てている状況。

適切でない。

営業 CF：営業活動による資金不足分とあることからマイナスと考えられる。

投資 CF：事業ポートフォリオの最適化や低稼働の固定資産の処分等を実施していることからプラスと考えられる。

財務 CF：余った資金で有利子負債の圧縮等財務体質を改善していることからマイナスと考えられる。

d）過去の剰余金を取り崩し、有利子負債等を圧縮しつつも、営業活動を立て直すべく新規投資を行っており、危険な状態に陥っている状況。

適切でない。

営業 CF：営業活動を立て直すとあるのでマイナスと考えられる。

投資 CF：新規投資を行っていることから、マイナスと考えられる。

財務 CF：有利子負債の圧縮等とあることからマイナスと考えられる。

【執筆者】

青山《あおやま》　隆治《りゅうじ》（担当：Chapter 19 ～ 28）

独立経理財務コンサルタント、税理士

［略歴］

1965年京都市生まれ。大阪市立大学（現：大阪公立大学）経済学部卒業、筑波大学大学院ビジネス科学研究科博士前期課程修了。日本生命保険（主計部等）、プライスウォーターハウスクーパースコンサルタント㈱、リソース・グローバル・プロフェッショナル・ジャパン㈱等を経て独立。30年以上に及ぶグローバル企業等での財務会計・管理会計（FP&A）・税務・ファイナンス・内部監査・M&A・プロジェクトマネジメント等の経験からCFO領域の課題解決に向けて手厚いサポートを行っている。また、東京税理士会日本税務会計学会（国際部門）委員、産業能率大学大学院兼任教員、ビジネス・キャリア検定試験委員等を歴任。

［著作等］

『キャリア・アップを目指す人のための「経理・財務」実務マニュアル』（共著・2022年（新版改訂版）・税務経理協会）、『外資系CFO&コンサルタントが書いた外資系企業経理入門』（共著・2013年・税務経理協会）、『法人税実務マニュアル』（共著・2013年・税務経理協会）、『「経理・財務」用語事典』（共著・2016年・税務経理協会）、「経理財務マネジャーのための英語力UP講座」（2019年～2020年・中央経済社『旬刊経理情報』連載）等

馬場《ばば》　一徳《かずのり》（担当：Chapter 2・4・5・8・9・15 ～ 18）

税理士

馬場一徳税理士事務所

［略歴］

1965年東京生まれ。一橋大学法学部卒業。筑波大学大学院ビジネス科学研究科博士前期課程修了。住友商事（株）、住宅・都市整備公団、新創税理士法人等を経て、2007年より馬場一徳税理士事務所を開業。

[著作等]

『キャリア・アップを目指す人のための「経理・財務」実務マニュアル』（共著・2022年（新版改訂版）・税務経理協会）、『親が亡くなる前に知るべき相続の知識』（共著・2013年・税務経理協会）、『法人税実務マニュアル』（共著・2013年・税務経理協会）、『マンション建替えの法律と税務』（共著・2003年・税務研究会出版局）、『議事録・稟議書・契約書の書き方実務マニュアル』（共著・2015年・税務経理協会）、『「経理・財務」用語事典』（共著・2016年・税務経理協会）

奥秋《おくあき》　慎祐《しんすけ》（担当：Chapter 1・3・6・7・10～14）

公認会計士、税理士

サンセリテ会計事務所代表（メールアドレス：zeikin@sincerite-kaikei.jp）

[略歴]

東京生まれ。早稲田大学商学部卒業。22才で公認会計士2次試験に合格し、大手監査法人で上場企業の監査に携わる。その後、ロンドン留学を経て、少数精鋭の事務所に転職。そこで、中小企業、上場企業の税務、組織再編に取り組む。2008年に独立。

現在は、上場企業から中小企業、個人まで幅広いクライアントを持つユニークなオフィスを経営している。プライベートでは、2児の父として、「幸せな子育て」を実践しながら、クライアントの幸せと豊かさを様々な側面から応援している。早稲田大学商学部非常勤講師等を歴任。

[著作等]

『キャリア・アップを目指す人のための「経理・財務」実務マニュアル』（共著・2022年（新版改訂版）・税務経理協会）

『法人税実務マニュアル』（共著・2013年・税務経理協会）

『「経理・財務」用語事典』（共著・2016年・税務経理協会）

キャリアアップを目指す人のための
「経理・財務」実務マニュアル ワークブック

2023年4月10日　初版発行

著　　者　青山隆治・馬場一徳・奥秋慎祐
発 行 者　大坪克行
発 行 所　株式会社 税務経理協会
〒161-0033東京都新宿区下落合1丁目1番3号
http://www.zeikei.co.jp
03-6304-0505
印刷・製本　株式会社　技秀堂
デ ザ イ ン　原宗男（カバー）

本書についての
ご意見・ご感想はコチラ

http://www.zeikei.co.jp/contact/

ISBN 978-4-419-06917-9　C3034